榆林市科技局项目“地域文化融入地方高校
思想政治教育研究”（CXY－2021－96）

地域文化融入地方
高校教育研究

杜 荣 著

哈爾濱工程大学出版社
Harbin Engineering University Press

内容简介

本书在阐释文化、地域文化等相关概念后，将地域文化融入地方高校教育作为一个系统而展开研究，从理念和价值取向的建构完善、内涵的拓展深化、主体建设、平台与方法的改革创新、保障和督导体系的夯实等方面详细阐释相关的基本知识、具体做法等，力求全方位推进地域文化融入地方高校教育的进程。

本书既适合高校教师和学生阅读，也可为地方党政部门的工作人员和地域文化承载地的工作人员提供参考。

图书在版编目（CIP）数据

地域文化融入地方高校教育研究/杜荣著. —哈尔滨:哈尔滨工程大学出版社,2023.2

ISBN 978-7-5661-3843-9

Ⅰ.①地… Ⅱ.①杜… Ⅲ.①地方文化-应用-地方高校-教育研究-中国 Ⅳ.①G649.2

中国国家版本馆 CIP 数据核字（2023）第 029964 号

地域文化融入地方高校教育研究

DIYU WENHUA RONGRU DIFANG GAOXIAO JIAOYU YANJIU

选题策划 石　岭
责任编辑 王丽华
封面设计 李海波

出版发行 哈尔滨工程大学出版社
社　　址 哈尔滨市南岗区南通大街 145 号
邮政编码 150001
发行电话 0451-82519328
传　　真 0451-82519699
经　　销 新华书店
印　　刷 哈尔滨午阳印刷有限公司
开　　本 787 mm×960 mm 1/16
印　　张 7
字　　数 132 千字
版　　次 2023 年 2 月第 1 版
印　　次 2023 年 2 月第 1 次印刷
定　　价 49.80 元

http://www.hrbeupress.com

E-mail:heupress@hrbeu.edu.cn

目　录

第一章　文化和地域文化的基本概念阐释与解读

要研究和阐释地域文化是如何融入高校教育的，其基本前提就是首先要对文化的相关概念与理论进行准确的解读，并在此基础上对国家文化和地域文化的相关概念和理论进行阐释。本章主要围绕以上两个问题进行研究阐释，以此为后面的研究做好铺垫。

一、文化的相关概念与理论

文化一词，从广义上讲，是指人类在社会实践过程中所获得的物质、精神的生产能力和创造的物质、精神财富的总和；从狭义上讲，是指精神生产能力和精神产品，包括一切社会意识形态：自然科学、技术科学、社会意识形态，有时又专指教育、科学、艺术等方面的知识与设施。

(一)文化的定义

1. 文化的词源与概念

人类的传统观念认为，文化是一种社会现象，它是经过人类长期创造所形成的产物，同时又是一种历史现象，是人类社会与历史的积淀物。确切地说，文化是凝结在物质之中而又游离于物质之外的，能够被传承和传播的国家或民族的思维方式、价值观念、生活方式、行为规范、艺术文化、科学技术等，它是人们相互之间进行交流的并被普遍认可的一种能够传承的意识形态，是对客观世界感性上的知识与经验的升华。文化是人们在不断认识自我、改造自我的过程中，在不断认识自然、改造自然的过程中，所创造的并获得人们共同认可和使用的符号（以文字为主、以图像为辅）与声音（以语言为主，以音韵、音符为辅）的体系总和。如果用更简练的文字表达，则可以说：文化是文字和语言的总和。

2. 文化的内涵

文化的核心内涵是广泛的知识并能将之活学活用；内心的精神和修养。

从广义上讲，文化是人类在社会历史发展过程中所创造的物质财富和精神财富的总和。它包括物质文化、制度文化和心理文化三个方面。物质文化是指人类创造的物质文明，包括交通工具、服饰、日常用品等，它是一种可见的显性文化；制度文化和心理文化分别指生活制度、家庭制度、社会制度，思维方式、宗教信仰、审美情趣，它们属于不可见的隐性文化，包括文学、哲学、政治等方面的内容。人类所创造的精神财富，包括宗教信仰、风俗习惯、道德情操、学术思想、文学艺术、科学技术、各种制度等。

从狭义上讲，文化是在历史中一定的物质生产方式的基础上发生和发展的社会精神生活形式的总和，指社会的意识形态以及与之相适应的制度和组织机构。1871 年，英国人类学家泰勒在《原始文化》一书中提出了狭义文化的早期经典学说，即文化是包括知识、信仰、艺术、道德、法律、习俗和任何人作为一名社会成员而获得的能力和习惯在内的复杂整体。

文化也可以称为社会团体共同的思维特征。不管“文化”有多少定义，但有一点是很明确的，即文化的核心是人。只有人才能创造文化。文化是人类智慧和创造力的体现。不同种族、不同民族的人创造不同的文化。人创造文化，也享受文化，同时受文化约束，最终要不断地改造文化。我们既是文化的创造者，又是文化的享受者和改造者。人虽然要受文化的约束，但在文化中永远是主动的。没有人的主动创造，文化便失去了光彩、失去了活力，甚至失去了生命。我们了解和研究文化，主要目的是观察和研究人的创造思想、创造行为、创造心理、创造手段及其最后成果。

(二)文化的内容

1. 文化的构成

文化既包括世界观、人生观、价值观等具有意识形态的部分，又包括自然科学和技术、语言和文字等非意识形态的部分。文化是人类社会特有的现象。文化是由人所创造、为人所特有的。其中中华文化烙印着民族与时代的特点，既有传承又有发展。中华文化的主要内容是新时代的儒学思想。

2. 文化的层次

文化的层次是文化的另外一种分类方法。就目前而言，对于文化系统的结构有多种解读法：两分说，即将文化系统分为物质文化和精神文化（非物质文化）；三层次说，即将文化系统分为物质、制度、精神；四层次说，即将文化系统分为物质、制度、风俗习惯、思想与价值；六大子系统说，即将文化系统分为物质、社会关系、精神、艺术、语言符号、风俗习惯等。另外，有的学者将文化系统分为生产文化、精神文化。科技文化属于生产文化，思想文化属于精神文化。

文化包括四个层次：一是物态文化层，由物化的知识力量构成，它是人的物质生产活动及其产品的总和，是可感知的、具有物质实体的文化事物。二是制度文化层，由人类在社会实践中建立的各种社会规范构成，包括社会经济制度、婚姻制度、家族制度、政治法律制度等。三是行为文化层，以民风民俗形态出现，见之于日常起居之中，具有鲜明的民族、地方特色。四是心态文化层，由人类社会在实践和意识活动中经过长期孕育而形成的价值观念、审美情趣、思维方式等构成，是文化的核心部分。心态文化层可细分为社会心理和社会意识形态两个层次。

（三）文化的作用

人类由于共同生活的需要才创造出文化，文化在它所涵盖的范围内和不同的层面发挥着重要的作用。

1. 整合作用

文化的整合作用是指它对于协调群体成员的行动所发挥的作用，就像蚂蚁过江。社会群体中的不同成员都是独特的行动者，他们基于自己的需要、根据对情景的判断和理解采取行动。文化是他们之间沟通的中介，如果他们能够共享文化，那么他们就能够有效地沟通、消除隔阂、促成合作。

2. 导向作用

文化的导向作用是指文化可以为人们的行动提供方向和可供选择的方式。通过共享文化，行动者知道自己的何种行为在对方看来是适宜的、可以引起积极回应的，并倾向于选择有效的行动，这就是文化对行为的导向作用。

3. 维持秩序作用

文化是人们以往共同生活经验的积累，是人们通过比较和选择认为是合理并被普遍接受的东西。某种文化的形成和确立，意味着某种价值观和行为规范被认可和被遵从，这也意味着某种秩序的形成。只要这种文化起作用，那么由这种文化所确立的社会秩序就会被维持下去，这就是文化维持社会秩序的功能。

4. 传承作用

如果文化能向下一代流传，即下一代也认同、共享上一代的文化，那么文化就有了传承功能。中华文化是中华民族在长期历史发展中的伟大创造物，是整个民族智慧和创造力的结晶。数千年来，它不但在中国历史上大放光彩，惠及历代中华儿女，而且影响了西方世界的历史与文化。在国际社会中，中华文化的传播更加迅速，影响也更加广泛。文化作为一种精神力量，能够在人们认识世界、改造世界的过程中转化为物质力量，对社会发展产生深刻的影响。这种影响不仅表现在个人的成长历程中，而且表现在民族和国家的历史中。人类社会发展的历史证明，一个民族物质上不能贫困，精神上也不能贫困，只有物质和精神都富有，才能自尊、自信、自强地屹立于世界民族之林。

(四)文化与文明

文化与文明这两个关键词既有区别又有联系。

从区别角度来看，文化是自人类出现就有了，文明是人类有了文字以后才有的，两者产生的时间先后有别。文化内容无所不包，有健康的，也有不健康的；文明是指内容健康的东西。

从联系角度来看，文明是在文化的基础上发展起来的人类活动产物，文明的发展离不开文化的发展；文化包括了文明的东西。

二、地域文化的相关概念与理论

有专家主张，地域文化专指中华大地特定区域的人民在特定历史阶段创造的具有鲜明特征的考古学文化。一些学者则将地域文化划分为广义和狭义两种，认为狭义的地域文化专指先秦时期中华大地不同区域内物质财富和精神财富的总和；而广义的地域文化特指中华大地不同区域内物质财富和精神财富的总和。在时间上，地域文化是指一切文化遗产，具有丰富的教育价值和文化价值。

1. 地域文化的概念

在我国，地域文化一般是指特定区域源远流长、独具特色，仍发挥作用的文化传统，是特定区域的生态、民俗、传统、习惯等文明表现。它在一定的地域范围内与环境相融合，因而被打上了地域的烙印，具有独特性。地域文化中的“地域”，是文化形成的地理背景，范围可大可小。地域文化中的“文化”，可以是单要素的，也可以是多要素的。地域文化的形成是一个长期的过程，地域文化是不断发展、变化的，但在一定阶段具有相对的稳定性。

2. 地域文化的主要构成

一是方言文化。中国的方言数不胜数，尤其是在南方。方言能增加人与人之间的感情，而部分意思只有方言才能表达清楚。中国的文字虽然是统一的，但是方言是不同的。方言作为文字交流外的补充。

春秋战国时期就已经存在众多不同的方言。中国人所谓的“同乡”有大同乡与小同乡之分，小同乡通常使用同一方言，在政治活动中，他们往往会走到一起，在利益方面往往比较容易达成一致。

二是饮食文化。中国有八大菜系，各种食材都可以通过运输获得，而民间的日常饮食则不同。如西藏的酥油茶主要取材于当地，当地的老百姓吃得起也经常吃。而高级的川菜是不辣的，饮食的方式也是不同的。

三是民间信仰。各地都有很强烈的民间信仰。除了一般的大宗教外，多数人的信仰都有很强的地域性。

四是民间建筑。寺庙、宝塔等公共建筑讲究排场与等级，不能反映当地实际。而民居必须要符合当地的实际情况。一些地方住窑洞，是由地理条件决定的，也受经济条件和建筑材料的制约。福建土楼也是适合当地特点的。外地引进的建筑，要么是富人的奢侈品，要么是一时流行。

五是当地的物质文化。这主要是指当地的工业文化、农业文化、商业文化等。

3. 地域文化的发展途径

一是地域文化要为经济发展服务，但必须要建立在实事求是的基础上，不能将其作为欺骗消费者的手段来获取经济利益。

二是必须坚持真实和准确地建设地域文化，构建地域文化的档案系统务必全面真实。

三是把旅游、经济开发，广告宣传与编修地方志工作严格区分开来。对于前者，作为地方志工作者，虽有义务著文阐明历史真实情况，但无权也无法干涉；对于后者，即所从事的职业本身，必须坚持“史德”“史识”，秉笔直书，维护历史的真实性，也就是维护地方志的历史地位。地方志如果随世俗、随商家的需要任意涂抹，后人何以为据研究一方历史！

4. 地域文化的发展情况

一是地域文化与自然景观结合不够。一些地方传承的文化景观未能与周围的自然环境协调、统一起来，整体效应不佳；多数地方缺乏具有浓郁地域文化特点的建筑、道路、公园、雕塑，在一定程度上淡化了地域文化氛围。

二是知识性与参与性结合不够。许多地方传承的地域文化景观多数为静态的陈列和展览，少有现代化的设施和互动型的项目，慕名而来的游客很难亲身参与、体验地域文化，这无疑大大减少了游客逗留的时间，同时弱化了地域文化寓教于乐的功能。

三是有形的地域文化与无形的地域文化结合不够。前者指以实物存在的、比较具体的遗迹或遗物，后者指学术思想、风俗习惯、典章节庆、民间艺术等比较抽象的东西。许多地方在发展地域文化旅游时，片面重视有形的地域文化，而对无形的地域文化重视不够。有学者认为，当前及今后一个时期，繁荣和发展地域文化研究，必须坚持两条原则：首先，坚持为全面建成小康社会服务，为地域经济文化发展服务；其次，坚持与时俱进，加强实践创新、理论创新、制度创新。创新的理论思维，既是地域文化研究的灵魂，也是地域文化保持蓬勃活力的重要保证。唯有站在时代高度，发扬与时俱进的创新精神，才能不断拓展地域文化研究领域，形成新思想、新观点、新方法，才能把地域文化研究推上新的台阶。

5. 地域文化的形成原因

为什么中国会产生那么多不同的地域文化呢？原因有很多，其中最重要的一个原因是自然地理环境的不同，特别是在交通运输条件不便的时期，不同的自然环境所产生的文化差异很难消逝，并被长期保存下来。自然条件不同，它提供的物质基础自然不同，比如修建民居，各地的建筑材料是不同的，这就产生各地建筑上的差异。中国文化系统之所以形成不同的文化区，还有其他原因。从历史上来看，在春秋战国时期，我国基本形成了长江流域、黄河流域的上游文化区、中游文化区、下游文化区。就产生原因而言，一是这些不同文化区在历史上就形成了不同的民风民俗；二是这些地方是不同思想学派的发祥地和盛行地；三是不同的行政管理区域导致了不同文化区拥有不同的制度。

三、陕西文化的简要解读

陕西在上古时代是华夏“九州”中的“雍州”和“梁州”，其历史悠久，早在110万年前，“蓝田猿人”就在灞河两岸生息繁衍；西安城东的半坡遗址，展示着母系氏族社会的进步和文明，这些无不标志着陕西历史文明的灿烂与辉煌。

陕西文化又叫秦文化，它不仅通过唱、演的形式出现在文化的舞台上，还通过餐饮文化体现着自身的文化价值。陕西小吃闻名已久，自盛唐时期就流传下来，直到今日，有很多值得开发的资源。

（一）历史概要和文明发祥

1. 历史概要

陕西历史源远流长，民族文化闻名遐迩。这里是中国古人类和中华民族文化重要的发祥地之一，是中国历史上多个朝代政治、经济、文化的中心，是中华民族历史文明最早走向世界的地方，也是近代中国革命的圣地，为中华儿女的生存、繁衍和人类历史文明做出了独特的贡献。

2. 文明发祥

陕西是中华民族光辉灿烂的古代文明发祥地之一。大约在六十万年前，“蓝田猿人”就生活在这块土地上，开始制造和使用一些原始的工具，采集果实和狩猎鸟兽。1963 年，“蓝田猿人”化石在陕西蓝田被发现。

农业发祥。陕西是我国农业生产开发最早的地区之一。大约在六千年前，半坡人就在这里从事农业生产、饲养家畜、打猎捕捞、采集果实。当时他们种植的谷物主要是粟。传说最早从事耕种稷和麦的人，是陕西关中周人的祖先。到了西周末年，关中地区的农业生产有了新的发展，并向其他地区传播。

对外开放发祥。陕西是我国对外开放最早的地区之一。在三千多年前，长安（今陕西西安）就同许多国家有政治和经济等方面的交往活动。著名的“丝绸之路”就是以长安为起点的。在两汉时期，陕西就以长安为中心，同南亚、西亚、欧洲各国进行政治、经济、文化交流。

文化发祥。陕西是远古文化的摇篮之一。陕西从西周起，就进入了一个新的历史发展时期。周是陕西关中一个古老的部族。周人以周原为活动中心后，就有了文字记事，把卜辞和占卜有关的记事文字刻在骨片上，后来又在青铜器上铸刻铭文。周代的古阴阳历，就是我国最早的历法。秦阿房宫、秦始皇陵、汉阳陵、乾陵等都记录印证了博大精深的陕西古代文化，其中已开发的秦始皇兵马俑坑，就展现了一个巨大地下雕塑艺术宝库，反映出当时高超的艺术水平，是我国文化史上的一个光辉篇章。

陕西是我国历史上建都朝代最多和时代最长的省份。传说大约在两千年前，夏部落的始祖黄帝、炎帝都曾在陕西活动过，为中华民族的创立和发展立下了丰功伟绩。公元前 21—公元前 17 世纪的夏朝时期，陕西就有扈国、骆国出现。公元前 11 世纪，周武王灭商，在陕西建都。此后，又有秦、西汉、东汉、西晋、前赵、前秦、后秦、西魏、北周、隋、唐、大夏等王朝先后在陕西建都。此外，还有刘玄、赤眉、黄巢、李自成四次农民起义在此建立政权计 11 年。

（二）陕西具有独特的红色文化

近代的陕西是中国革命的摇篮，具有承东启西、联结南北的区位之便，既可以成为生产要素由东向西转移的首选承接地，又可以成为生产要素向大西北乃至整个西部地区转移的起点。雄厚的科技实力，可以为西部地区经济结构优化升级发挥重要的辐射和带动作用。富集的矿产资源与东部经济发展有较强的互补作用，可以成为全国能源和部分原材料工业的重要接续地。陕西是黄河、长江上中游重要的生态屏障，是西部生态环境建设的一个主战场。西安作为西北地区较大的中心城市，可以在西部大开发中发挥多种服务功能。陕西有条件并将努力成为西部大开发的“桥头堡”和“第一阶梯”。

陕西在全国的地理位置居中，被称为“中国的西部，西部的东部”，中国的大地原点就在陕西省泾阳县。中国铁路大动脉陇海线横穿中部，是“新亚欧大陆桥”亚洲段的中心和进入中国大西北的“门户”，包括西渝铁路贯穿西北，连通中国西北、华中和西南。省会西安是重要的交通枢纽，战略地位非常重要。

陕西科教优势明显，科教综合实力位居全国前列，是全国航空航天、机械、电子、农业等领域重要的科研和生产基地，也是全国高等教育的重要基地。以西安、宝鸡高新技术产业开发区和杨凌农业高新技术产业示范区为骨干的关中高新技术产业开发带已经形成。其中西安高新技术产业开发区是中国首批向亚太经济合作组织开放的科技工业园区，杨凌农业高新技术产业示范区是国家农业高新技术产业示范区，二者均跻身国家重点支持的五大高新区之列。

陕西是中华文明的重要发祥地之一，曾长期是中国的政治、经济、文化中心，留下了大量的文物古迹。陕西是中国革命的“摇篮”，革命圣地延安至今仍保存着一批革命旧址。悠久的历史，灿烂的文化，使陕西旅游资源得天独厚。其文物点密度之大、数量之多、等级之高，位居中国前列。世界八大奇迹之一的秦始皇陵兵马俑、唯一珍藏佛祖指骨舍利的法门寺、西安古城墙等驰名中外。陕北黄土高原、陕南山水风情令人神往，西岳华山、壶口瀑布、秦岭国家级生态功能保护区自然景观独具特色。

新中国成立初期，政府把陕西作为建设重点，进行了大规模投入。国家在陕西设立了一批重点项目，形成了以机械、航空航天、纺织、电子、医药、能源、食品为主体的，门类比较齐全的工业体系，军工企业规模全国领先。

(三)陕西具有丰富、独特的艺术资源

1. 民歌腰鼓，展现陕北的文化底蕴

陕北民歌的内容包罗万象，无论是家长里短还是儿女情长，无论是种地打夯还是村风民俗，日常的生活场景都可以成为陕北民歌的素材。人们用民歌直白地描述自己的生活和情感，用最质朴的歌声，唱出灵魂深处的声音。陕北民歌是陕

北劳动人民在长期生活实践中精神、思想、情感的结晶，是陕北地域文化的精髓，具有深厚的文化底蕴和悠久的文化渊源。2018 年，为了更好地传承榆阳独特的文化内涵，展示陕北民歌魅力，弘扬红色文化精神，榆林市榆阳区建成了陕北民歌博物馆。博物馆里有最全面、最权威的陕北民歌数据库，还有陕北民歌培训中心、体验中心、录音制作中心等，真正为陕北民歌建起了一个“家”。如果说高亢的陕北民歌是黄土高原的呐喊，那么安塞腰鼓就是这片土地上最热烈的舞蹈。头扎白羊肚手巾，腰扎红布带的陕北汉子舞起安塞腰鼓，前进、后退、踢腿、转身，每一个动作都展示出陕北人民朴素而豪放的性格以及独特的艺术个性。对于陕北人民来说，安塞腰鼓不单是一种民间舞蹈，更是一种深刻的文化现象和历史的传承。今天的陕北日新月异，文化事业突飞猛进，但千百年来不变的是陕北人民对民歌和腰鼓的热爱。

2. 龙舞皮影，演绎乡间的美好生活

阵阵锣鼓声中，汉中龙江龙舞正在热闹地表演着。舞龙队的队员们头缠红头巾，腰系红丝带，一个个抡圆了膀子挥舞着龙把子，长长的舞龙仿佛被赋予了生命，上下翻飞，引得观众掌声不断。汉中市汉台区龙江街道的龙舞是当地一项地方特色鲜明的民间文化艺术，包括龙江草龙、女子龙、板凳龙、五节龙、手龙、手把龙、彩龙等龙舞节目，深受市民欢迎。目前，龙舞特色文化已经被打造为民间艺术品牌，并成为景点宣传、开业庆典、节日庆祝的品牌节目，为文旅融合、乡村振兴奠定了坚实基础。华州皮影的舞台上也同样精彩。“一口诉说千古事，双手对舞百万兵”说的便是华州皮影。吹拉弹唱间，表演者通过双手控制着一众人物上下跳跃、左右腾挪，为观众表演着一出出好戏，千年历史故事仿佛凝聚于这一方幕布之上。皮影，又叫傀儡戏、灯影。华州皮影因其原生态的表演形式、朴素的装扮，被称为中华民间艺术的“活化石”，而渭南市华州区也有着“中国皮影之乡”的美誉。华州皮影为纯手工制作，工艺流程复杂，每一个皮影形象都要经过 3 000 多刀精雕细刻，以镂空雕刻为主，在大轮廓中饰以精美图案，然后用工笔重彩多次烘染，形成色彩鲜艳、对比强烈的效果。近年来，华州区不断加强对华州皮影的传承保护发展工作，通过政策激励、强化交流等举措，不断促进华州民间文化繁荣发展，讲好华州皮影故事，传播华州好声音，受到社会各界的一致好评。

3. 石雕石刻陶艺——指尖上的艺术

靠山吃山，靠水吃水，绥德的石头多，于是勤劳智慧的绥德人凭着得天独厚、天然优质的山石资源“雕”出了一片属于石雕的新天地。绥德的石雕工匠们以明快简括的刀法、大胆随意的想象和自然娴熟的雕刻技术，给普通的石头赋予了灵魂，也让石雕成了这片黄土地上文化和经济的象征。绥德石雕种类繁多，有100多种，尤以石狮品种最多、流传最广。绥德石狮造型自然生动，不受约束，有的天真烂漫似孩童，有的憨厚如陕北的老农，有的威严如勇士……如今，绥德的石狮已漂洋过海，远销日本、美国等国家，为绥德赢得了“石狮故乡”“石狮王国”等美称。与绥德人一样，富平人同样善于在石头上做文章。富平是全国闻名的石刻之乡。据《富平县志》记载，富平石刻距今已有1 500多年的历史。一代代艺人们薪火相传，不断探索、研究与改进石刻技术，赋予了富平石刻不同的艺术风格。汉代的质朴有力、唐代的大气写实、明清的活泼美观皆在富平石刻上有所体现，也让富平石刻成为中华石刻艺术的一个重要支脉。富平石刻能在陕西厚重多彩的民间文化大观园里脱颖而出，离不开它所使用的石料。富平石刻主要使用当地盛产的墨玉，其被称为刀工之上佳珍料，古人将其称为“贵美石”。富平墨玉以其质地细腻坚韧，色泽乌黑发亮，耐酸碱、耐寒热、耐风化等特点而闻名天下。经过选料、采料、雕刻等制作工序，富平墨玉摇身一变成为牌坊、亭楼、造像、护栏等。富平石刻以其精湛的技艺和独特的艺术魅力享誉九州，2018年入选首批国家传统工艺振兴目录。富平石刻正不断为富平的经济发展提供强大的文化支撑。除了用石头雕刻出艺术品外，陕西人也将“土”运用得炉火纯青。在铜川市印台区陈炉镇一处深幽的窑洞中，工艺大师用双手赋予陶泥生命，“土”在一双双巧手之下变换着形态，经过烈火的洗礼，成了精美的工艺品。陈炉人祖祖辈辈以烧制陶瓷为业，炉火千年不绝。如今，陶艺已经成为陈炉古镇经济社会发展中的关键产业，形成了从陶瓷坩土开采、运输、初加工到陶瓷制作、烧成、销售较为完整的产业链。这座小镇与陶艺结缘千年，如今的陶艺产业也支撑着小镇越走越远。“中国民间文化艺术之乡”既是文化惠民工程，也是文化富民工程。陕西正以“中国民间文化艺术之乡”建设为契机，切实加强民间文化艺术普及推广工作，使“中国民间文化艺术之乡”成为推动基层公共文化服务高质量发展，促进文化事业、文化产业和旅游业融合发展，助力乡村振兴的重要抓手，为建设社会主义文化强国做出新的贡献。

（四）陕西具有历史文化底蕴的旅游资源

陕西是我国旅游资源最富集的省份之一，其资源品位高、存量大、种类多、文化积淀深厚，具有巨大的开发优势。陕西是中华民族的发祥地之一，先后有周、秦、汉、唐等14个王朝在此建都，历时1 100余年。悠久的历史和璀璨的文化，聚集了得天独厚的人文旅游资源，是陕西发展旅游产业独有的特色和优势。陕西民风古朴、民俗独特，其中户县农民画、西府民间工艺、蒲城焰火、安塞腰鼓、陕北秧歌、民间剪纸也是陕西人文旅游资源的重要组成部分。

陕西不但文物古迹荟萃，而且山川秀丽，景色壮观。省内有以险峻著称的西岳华山，有气势恢宏的黄河壶口瀑布，有古朴浑厚的黄土高原，有一望无际的八百里秦川，有婀娜清秀的陕南秦巴山地，有充满传奇色彩的骊山风景区，也有六月积雪的秦岭主峰——太白山等。目前省内有世界遗产 1 处；国家级风景名胜区 5 处、自然保护区 5 处、森林公园 15 处、地质公园 3 处、历史文化名城 6 个；省级风景名胜区 29 处、自然保护区 17 处、森林公园 39 处、历史文化名城 11 个。以秦岭为依托的自然旅游资源，使陕西的旅游产业蕴藏着巨大的后发优势。

四、榆林文化的简要解读

榆林是黄土文化的发源地，是久负盛名的陕北民间艺术之乡。榆林位于陕西的最北部，黄土高原和毛乌素沙地交界处，是黄土高原与内蒙古高原的过渡区。榆林东临黄河与山西隔河相望，西连宁夏、甘肃，南接延安，北与鄂尔多斯相连，系陕、甘、宁、蒙、晋五省区交界地，自古就是兵家必争之地。

榆林是国家历史文化名城、国家卫生城市、中国爱心城市、中国百强城市、国家新能源示范城市、国家生态保护与建设示范市、中国城市竞争力 100 强、2011 地级城市创新能力综合测评 100 强、2012 中国十大创富城市、2012 中国特色魅力城市 200 强、2013 中国西北部最具投资吸引力城市，拥有世界文化遗产万里长城第一台——镇北台，中国最具潜力的十大古城——榆林古城，红石峡、统万城遗址、红碱淖、榆林沙漠国家森林公园、石峁遗址、白云山、青云寺、悬空寺、二郎山、府州城、高家堡古城、西峰寺、清涧笔架山景区等各大景点，具有诸多的教育价值和文化旅游价值。

（一）建筑文化

陕北浑厚的黄土地上丘陵沟壑密织如网，民居以窑洞尤其是土窑洞为主。土窑洞修凿相对容易，但窑内墙壁易碱化，窑面经风化雨蚀常会剥落，如遇洪灾或山体滑坡等自然灾害，其坍塌之危总是毁灭性的。后来，榆林地区的人民发挥了自己的聪明才智，在土窑洞外接一圈砖石拱洞，这样既加固了居住的窑洞，又比过去的土窑洞美观了许多。石窑洞既秉承了土窑洞的优点，又克服了它的缺陷，成为榆林人较为理想的住宅。直到如今，平房、楼房的大量兴建都无法替代陕北人自己的窑洞。石窑洞通常以三孔窑洞或五孔窑洞为一组修建，四孔、六孔较少，意在回避“四六不成材”的俗语。窑洞一般深 8 ~ 12 米，宽、高 3 米左右，冬暖夏凉，是陕北人民智慧的结晶。在历史的轮回中，石窑洞以其废兴记录了榆林人生存发展的历史，更将陕北这片土地孕育的特有文化渗透在这些无言的物证之中。

（二）服饰文化

榆林乡民的基本服饰很具有陕北农民的特点，头扎白羊肚手巾，身着光板老羊皮袄和大裆裤，内着白褂子、红裹肚，脚蹬千层布底鞋，有的人头戴毡帽，腿绑裹腿，脚穿毡靴，这些都反映了在陕北的气候条件下，人们从事农耕、游牧等不同生活的需要，也体现历史上各游牧民族、农耕民族服饰文化的相互融合与继承。其中的大裆裤、裹腿、白羊肚手巾据考是由游牧民族服饰演化而来的。这种服饰搭配，非常具有民族和地方特色，是陕北榆林文化的代表元素之一。

（三）民间文化

1. 转九曲

榆林的民间艺术“转九曲”又称“转灯”，它以规模宏大而著称，属于大型民间风俗性祭奠活动的一种。据传它起源于三仙岛三位娘娘（云霄、琼霄、碧霄）为报杀兄之仇而在西岐布下的一座战阵——“九曲阵”，人们为了纪念三位娘娘替兄报仇丧命的动人故事而将这个阵的名字改为“九曲灯”。此祭奠风俗从此就在民间盛行起来，并一代一代地流传至今，现在成了榆林当地颇具影响力的民间艺术活动。“转灯”一般在元宵夜进行，灯场一般设在平整、宽敞的地方。转灯一般是用高粱秆剪成长一米左右，横、竖各倒栽 19 行，共 361 把，象征着农历全年的天数，灯的材质是用面捏成或者用洋芋、萝卜挖成的“灯碗”，在上面倒上清油，放上棉花捻子或蜡烛，罩上五色纸做的灯罩。转九曲起场后，在锣鼓家什伴奏下的陕北秧歌队到村里的庙院前祭神。

2. 横山腰鼓

横山腰鼓是当地较为普及的一种汉族民间舞蹈形式，深受陕北群众喜爱，有“腰鼓正宗窝子”之美称。陕北横山腰鼓在横山流传颇广。它产生的具体年代未见史籍详细记载，据横山文化馆调查及部分庙宇石碑的文字存证推测，横山腰鼓的出现时间至少可追溯到明代中期。

横山腰鼓倾注着汉族劳动人民的朴素情感并以其独特的艺术思维、浓厚的生活气息，尽情抒发对美好未来的憧憬。

3. 绥德石雕

绥德石雕工艺是陕西省榆林市绥德县的汉族传统手工技艺。其种类繁多，用途各异，据调查统计，按照不同用途，绥德石雕可分为七大类别。其精湛的烧制技艺，不朽的艺术价值充分体现了古代汉族劳动人民的卓越才能和艺术创造力。

(四) 黄土文化

黄土文化是中华民族文化中一个独具个性的文化体系，因“黄土地”这个习惯性称谓而得名。黄土地是对整个黄土高原的一个代称，从黄土高原的地理范围内分离出来展现出的不同的黄土文化，各自有着其独立性和特殊性。在陕北的榆林地区，黄土文化有着特别的定义，那就是“陕北地区的商人文化”和“义气文化”。榆林人在陕北地区是经商的好手，地处多省交界的榆林，其商业文化在全国都是名声在外的。榆林比较贫瘠的资源，也造就了榆林人的“义气文化”。榆林人虽然贫穷，但从不低头，从不接受嗟来之食，如果投缘的话，敢于以命相陪，为朋友两肋插刀，这在古代都是有很多例证的。所以，榆林文化算是“黄土文化”中的一个特例了，它使得黄土文化更加丰富，也给自由、随意的黄土文化加上了更深的真实之感，充分体现了榆林人的古老陕北文化，深受当地人的喜爱。

(五) 美食文化

1. 榆林豆腐

榆林豆腐秉承陕北的文化传统，在历史的演化过程中不断创新，成为古城饮食文化的佼佼者。利用独特的制作技艺，以甘甜的桃花水为其底色，酸浆点浆增其原味，造就了白嫩细腻、味香可口、营养丰富的美食。远方来客，都以品尝榆林豆腐为佳趣。

2. 拼三鲜

拼三鲜是陕北美食里的一道名菜，榆林人也很爱拼三鲜，街上到处有拼三鲜的馆子，很多人家里也常做这道菜。拼三鲜就是榆林版的大烩菜，是由鸡肉、猪肉、羊肉做出来的汤，配料有水黄花、海带丝、韭黄、菠菜等，其汤汁味美，营养丰富。

3. 羊杂碎

榆林羊杂碎也称羊杂烩，是由羊血、心、肝、肺、肠、肚等混合烩制而成，故得此名。陕北人民美好的一天始于一碗羊杂碎。榆林的羊杂碎量大且实惠，走在街上随处可见羊杂碎店铺，来这里旅游观光的人都想尝一尝。

4. 碗坨

碗坨是榆林特色传统面食，与凉粉有点儿类似。它晶莹光亮，粉白微青，质地精细、柔软、光滑、细嫩，清香利口，风味独特。一碗碗麻辣碗坨，虽然看上去又麻又辣，但细细品尝，就能品出荞麦特有的清香了。

5. 炸豆奶

榆林炸豆奶是榆林的汉族风味小吃。以豆浆、鸡蛋、绿豆淀粉为原料炸制而成。炸豆奶味道鲜美，色泽金黄，外脆内软，入口即化，配以白糖香甜甘美，堪称“榆林人的小甜心”。

6. 子洲果馅

子洲果馅始于明代，是陕北传统风味小吃之一。馅是用陕北著名的滩枣制成，外形独特，中心会压上红色，并在其外围有一个凹陷下去的环，除了枣馅，还有五仁糖馅，配上酥脆掉渣、多层而紧实的外壳，吃起来绵软可口。

7. 付翔炉馍

付翔炉馍是陕北地区的传统美食，起源于榆林定边县。炉馍从外面看白里透黄，掰开看则薄如一层层书纸，甜腻绵软，香醇可口。

(六)红色文化资源

榆林是一座实实在在的革命城市。榆林人民是一支不可战胜的革命生力军，为中国革命做出了巨大贡献，也付出了巨大牺牲。榆林人民忠党爱国，信仰明、理念坚，非常能吃苦，不怕流血流汗，在革命战争时期能攻坚克难，在社会主义革命和建设时期仍砥砺奋进。如今的榆林高楼林立，经济繁荣。

榆林还是一座历史文化名城，文化生活丰富多彩且具有广泛的群众性。陕北的大秧歌、道情、民歌、说书、剪纸等，都是宝贵的精神财富。陕北民歌《东方红》代表了人民的意愿，被广为传唱，至今久唱不衰。

第二章　地域文化融入地方高校教育的逻辑依据

地域文化融入地方高校教育，可以视为教育行业和文化事业发展融合的重大举措。这种文化发展和教育模式成为地域文化走进高校教育、高校教育走向地方的一个很好的平台，值得提倡和研究。本章主要研究地域文化融入地方高校教育背后的原因。首先阐释地域文化的重要性和发展需求，其次阐释高校教育发展的特点和发展需求，最后梳理地域文化融入地方高校教育的诸多逻辑依据。

一、地域文化的重要性和大力传播发展的诉求

（一）地域文化的重要性

地域文化是国家文化建设的重要部分，是文化强国的重要推动力和组成部分。党的十七届六中全会审议通过的《中共中央关于深化文化体制改革 推动社会主义文化大发展大繁荣若干重大问题的决定》，围绕建设社会主义文化强国和实现到2020年文化改革发展奋斗目标，围绕各地区各部门各方面普遍关注的重点问题，对文化改革发展进行了战略部署，是当前和今后一个时期指导我国文化改革发展的纲领性文件。

党的十七届六中全会按照全面建设小康社会奋斗目标的新要求，从中国特色社会主义事业总体布局的战略高度，全面部署了深化文化体制改革、推动社会主义文化大发展大繁荣的各项工作，并提出了建设“社会主义文化强国”的目标。

当今世界正处在大发展、大变革、大调整时期，文化在综合国力竞争中的地位和作用更加凸显，维护国家文化安全任务更加艰巨，增强国家文化软实力、中华文化国际的影响力要求更加紧迫，文化的繁荣发展已经成为坚持发展是硬道理、发展是党执政兴国的第一要务的重要内容。但文化是一个很大的概念，也是一个看起来很抽象的概念。那么，如何让“社会主义文化强国”建设有血有肉？笔者认为一定要坚持实事求是的原则，立足本地文化资源的实际，充分利用当地

文化发展的优势，以本土文化为推手，促进文化的大发展、大繁荣，推动社会主义文化强国建设。

地域文化对地方政治、经济、文化、社会和生态发展具有重要的推动作用。地域文化中孕育着丰富的政治、经济、文化资源，能够从不同层面推动地方发展。尤其在旅游发展上，地域文化是地方旅游业发展的特色关键所在。

地域文化是彰显一个地方特色的好资源，也是彰显一个地方教育特色的重要资源。一个地方的地域文化内容多姿多彩，有政治、经济、文化、社会、生态等方面的资源，可以供当地各类学校教育融入，包括当地的高校教育。

（二）地域文化发展和传播的现状

1. 地域特色文化的品牌现状

地域特色文化是指在不同地方的人文精神文化，是地方特色化的环境、民俗、生活、行为等，具有独特性。一方水土孕育着特色的地域文化。地方特色突出当地文化的特殊性和差异性；文化品牌强调的是由群体活动组成的具有特殊意义的、共同生活产生的大众文化所形成的品牌。随着知识文化的不断进步，地域特色文化已经成为推动社会文明发展的重要动力。从市场上看，目前地域特色文化的品牌塑造还存在很多不足，主要包含以下几个方面。

一是地方政府企业发展力度不足。当今社会地方性的文化特色虽然种类繁多、极具特色，但具有竞争力和影响力的文化品牌较少，多而不优、大而不强的问题十分突出。大部分的地域特色文化都比较小众，面临繁杂和不稳定等问题。建立优秀的地域特色文化品牌离不开政府与企业的扶持和帮助。当前，虽然众多的地方政府对地域特色文化的重视度越来越高，但是没有针对性地对文化品牌进行塑造。首先，各地方政府提倡文化建设并出台众多支持政策，但缺乏具体的建设项目，或者项目华而不实，沉迷于表面的展现，缺乏精神上的品牌提升，导致地域特色文化建设效果不明显、影响度不高。各种宣传策略活动都是片段式的，缺少后续的文化品牌延展服务。其次，地域特色文化产业的自主能动性不足，文化品牌塑造能动性弱。原因是大部分的地方企业规模较小、分布较散、品牌意识薄弱，只关注当前的经济效益。由于地方的区域性，大部分中小型企业无法统一合作或者缺少龙头企业为文化建设进行详细的品牌规划推广。同时由于地域文化环境繁杂，品牌的定位和品牌潜意识难以掌握，大部分企业很难准确定位，因而在推广中收益低下，获取的认知度偏低，无法在市场上形成影响，最终面临亏损或者方案被推翻的局面。因此当下各地域特色文化总体处于发展不平衡、品牌意识薄弱、文化创新能力不足、市场竞争力不强、地域文化资源塑造缺失的阶段。

二是设计人才资源匮乏。地域特色文化的打造离不开专业化的人才，如果没有经验丰富的各级各类专业化的文化品牌运营团队，地域特色文化很难被深入地挖掘和整合。现今社会商品同质化越来越严重，大部分品牌的传播力度不够，人文气氛营造不足，导致所取得的效果微弱，这急需大量优秀的人才对地域文化进行精准的品牌打造和推广。由于地方经济文化发展不平衡，大部分优秀的人才普遍集中在发达地区，因此发达地区的地域特色文化逐渐被人们接受，但发达地区以外的地域特色文化并不被人们熟知。由于经济问题，大部分的优秀人才都不愿留在发展水平低的区域，所以难以为地域特色文化发展服务。除了经济问题外，大部分拥有地域特色文化的原居民的自我保护意识过强、封闭性严重、思想守旧，不愿进行创新，因此文化品牌的塑造出现了很多难题。同时地方的人才管理和支持的相关政策多是空有名头，没有实际意义，很难留住优秀人才。

三是地方品牌特色和品牌形象匮乏。虽然近年来在乡村振兴的背景下全国各地都在全力打造地域文化特色，并已经取得了不少发展成果，但是整体上地方品牌还是非常匮乏。各地方有不少自发的品牌，但由此出现的品牌混杂也带来了很多负面影响。一方面市场的监督政策不够完善；另一方面地方的品牌经营商为了快速出效果并且控制成本，营造出的地方品牌特色和形象传播力度不足，视觉效果不明显，达不到预期效果，没有凸显地域文化特色。地方的品牌定位难以正确把握发展方向，由此难以从根本上解决问题。各地方的知名品牌较少，缺乏品牌的深度挖掘，导致地域特色文化发展滞后，设施不完善，品牌形象机制不健全，消费者认知度弱，其主要原因是前期品牌定位和推广工作没有贯彻和落实好，未与消费者的需求紧密联系起来并形成互动。

2. 加强地域特色文化品牌塑造的意义和目的

文化是国家的灵魂，是国家的根脉。文化与经济是一脉相承的共同体，如何从品牌的角度深刻认识地域特色文化建设的重要意义和目的，是当下人们必须认真思考的问题。地域特色文化是地方的精神支柱，是地方经济发展的动力源泉，地方政府应注重地域文化建设，积极打造文化品牌，让地域特色文化走出去，持续提升文化软实力，把地域文化建设得朝气蓬勃。从品牌的角度出发，加强地域文化形象塑造和文化实践，致力于打造极具影响力和与消费者产生共鸣的地方特色品牌，充分运用品牌创造性思维，增强群众对地方的认知和认同，为以后的文化实践做准备。从发展的角度出发，地域文化建设除了推动文化的发展外，还具有引领作用。各行业以文化为背景，将地域文化融入中心服务大局，其品牌塑造的过程要与地方经济发展相随。地方经济的建设需要文化的支撑，文化的建设需要品牌的塑造，从构建文化的角度，也就是要对地域文化、地方经济、业务经营等进行重塑改造。地方品牌塑造有利于文化的权益保护；有利于形成品牌意识，找准市场方向；有利于弘扬和传承地方传统文化，增强市场的多样性和适应性，丰富人们的精神生活和物质基础。

3. 塑造地域特色文化品牌的策略

一是品牌塑造的核心内容。品牌塑造是指专门为某个品牌进行系统的定位、消费者分析、品牌形象打造等一系列的行动。品牌需要具备吸引消费者的独特魅力，这种魅力需要文化作为灵魂，从感性和理性层面去塑造品牌的核心内容。品牌塑造的核心内容主要包含品牌知名度、美誉度和忠诚度。品牌知名度是指品牌在消费者心中的地位，消费者通过该品牌的某部分信息能第一时间想起该品牌。品牌美誉度是指消费者对该品牌产生的信赖感和认同感，是品牌塑造的核心部分。品牌美誉度非常重要。随着经济的高速发展，消费者对品牌的要求越来越高，品牌的美誉度能快速提升消费者对该品牌的认同感。品牌忠诚度是指消费者对该品牌的信任以及重复性地购买和关注。品质是忠诚的基础，没有好的品质，就没有忠诚。构建品牌的核心内容和文化内涵，可使品牌建立优秀的个性形象，使品牌与文化融合在一起，形成高度的精神层次，提高它在消费者心中的认同感。品牌塑造的核心价值是非常复杂的，需要塑造品牌的形象个性、思想价值等要素，以其构成完善的品牌核心。品牌的塑造只有经过长期的文化发展和不断的创新变革，才能打造出具有文化特色和社会影响力的强大的品牌形象。

二是品牌塑造的研究。研究主要从以下几个方面进行：

品牌形象。品牌形象是指品牌在消费者心中的固定个性形象特征。品牌形象是一个综合的集合体，包含品牌名称、包装、广告、图形等一切和该品牌形象相关的、知觉能感应的视觉形象。品牌形象犹如人的穿衣打扮。品牌文化是经过长时间形成的文化积淀，能让品牌精神得到高度的情感体现，让消费者产生共鸣和认同。品牌形象的打造需要品牌文化内在的塑造，将品牌文化变成直观的品牌形象，让大众能直观地感受到文化传递出来的内涵。

品牌潜意识。消费者在了解品牌形象后才会进一步了解品牌的价值、品牌的定位、品牌的理念等。大量的研究证明，人具有潜意识，即通过五感收集信息形成潜在意识。在品牌的塑造过程中，消费者通过品牌形象的介入产生第一印象而上升到品牌潜意识层面，而后潜意识对品牌进行分类和融合。潜意识对品牌归属感、舒适感、情感化等意识在品牌推广设计过程中起到全局推进作用。经过大量的调查发现，在品牌推广设计中，任何方面、任何细节都是对品牌潜意识的塑造。品牌的推广需要与潜意识建立合作关系，品牌需要得到消费者的支持，而消费者作为主要的意识主体，其行为受潜意识的影响。品牌文化的传承与发展需要通过人的深层次的精神层面产生影响，而只有经过潜意识的引导才能逐步形成品牌文化构建。

品牌识别系统。品牌识别系统对品牌的长期发展有着非常重要的作用，它可了解品牌产业的环境和确定核心要素。品牌识别是从人文、企业、产品等层面定义出能打动消费者的品牌。品牌识别的前提工作主要是市场分析，正确地分析用户的需求以及探讨未来人们生活和发展的趋势，才能找到准确的识别方向。对市场的分析需要根据市场的趋势、动态以及各种因素，探索市场的变化规律，了解消费者对品牌的需求，如质量、规格等，以及市场的竞品占有情况。在品牌的发展过程中，策划者通过品牌识别能促进消费者对品牌产生美好印象。品牌的识别也需要不断更新迭代、推陈出新，以更加贴合消费者的核心需求。品牌的识别是对品牌认知的高度的概括，让受众能通过直观明了的视觉材料理解品牌的核心要素、了解品牌的价值观。

三是乡村振兴的品牌建设。乡村振兴是由国家提出的重要战略，是为解决“三农”的根本性问题而提出的，主要从乡村的产业、文化、经济等多元化的角度解决乡村发展问题。品牌建设是乡村文化建设必不可少的一部分，乡村需要大力提高文化的感染力以促进相关产业的发展。文化的建设需要引进品牌设计，让品牌设计在乡村振兴的背景下产生作用。通过对品牌塑造的引进进行前期的调研和策划，让设计者与居民进行探讨研究形成共识，大力挖掘地域特色文化和确定可塑造的品牌，通过整合资源进行详细的规划，制定出具体的执行方案。地域文化品牌塑造的基本流程为：调研分析—消费者定位—解决矛盾—编辑草案—方案修改—策略引进—最终方案—执行方案。

二、高等教育发展的特点与应用性走向需求

在高等教育不断深化改革的背景下探讨我国高等教育现阶段发展的特征，既是归纳现实、诊断问题、校正实践方向的过程，也是反思高等教育改革发展的理论依据、完善高等教育理论体系的过程。特别是当改革进入“深水区”，高等教育在“深水区游泳”的技术方法及可能遇到的问题已不可同日而语，新的理论探讨尤为重要。2016 年第 12 期《高等教育研究》刊发了李盛兵教授的《我国高等教育发展的现阶段特征》一文。该文以美国社会学家马丁·特罗的高等教育发

展阶段理论和日本学者有本章等关于高等教育后大众化特征的论述为基础，对我国高等教育现阶段发展特征进行了理论探讨。受该文启发，同时也为了使相关话题的探讨更加深入，本书将结合近年来我国高等教育改革发展的现状和趋势，也来谈谈对我国高等教育现阶段发展特征的认识。

（一）我国高等教育改革发展的阶段性与特殊性

根据教育内外部关系规律，高等教育现象都是在一定社会条件下多方主体价值选择与实践行为导致的结果。若要从纷繁复杂的高等教育现象中提炼高等教育发展特征，必须透过现象看本质，既要认识高等教育现象产生的社会条件，也要理解现象背后各类利益相关者的价值选择、行为目的以及各种影响因素之间的作用机理。换言之，分析高等教育现象并提炼高等教育发展特征，离不开对高等教育发展阶段性和特殊性的考量。客观认识我国高等教育发展的阶段性和特殊性，既是分析、提炼我国高等教育现阶段发展特征的前提，也是探寻中国特色高等教育发展道路的基础。笔者对我国高等教育发展的阶段性和特殊性做过初步分析，而本书在这一基础上进一步展开讨论，期望唤起学界对该问题的关注。

我国高等教育正处于社会转型和高等教育转型发展更迭的历史时期。旧的高等教育发展稳态已被打破，新稳态尚未形成，亟须找到新旧稳态顺利过渡的关键“钥匙”和有效工具。

社会转型和高等教育转型更迭的现象在世界高等教育史上并不鲜见。从西方历史来看，在近 200 年的时间里，至少有两个明显的社会变革与高等教育转型相互叠加的时期。其一是从 18 世纪末开始，在法、德、美、英等国渐次发生的、与工业社会形态形成相伴随的传统大学向现代大学转型；其二是从 20 世纪中期开始，随着知识经济时代的来临，欧美国家由发达工业社会向福利社会转型过程中的高等教育规模扩张和高等教育民主化进程。

我国高等教育正处于中国特色新型工业化、现代化进程中的高等教育内涵建设阶段，推动高等教育内涵建设与质量提高的关键“钥匙”或有效工具，是构建一套新型的高校内外部质量保障体系。

当前我国社会转型发展主要是指社会主义现代化建设进程中正在发生的工业化、城市化、法治化、产业结构变迁，人的生产生活方式改变，社会道德规范重构，政府职能转变等一系列社会变化。尤其是近些年来由现代科技与信息技术驱动的新工业形态和新商业形态的出现、全球化背景下复杂国际环境中的生存竞争等，使得我国目前的工业化、现代化进程几乎没有任何现成的经验可循，必须走一条中国特色的新型工业化、现代化道路。以上种种，构成了当前高等教育改革发展的社会背景和现实基础。

从宏观和整体性的角度考量，推动我国高等教育内涵建设与质量提高的关键“钥匙”或有效工具，是着力构建一套新型的高校内外部质量保障体系。其中，高校内部质量保障体系不仅是指各级各类高校的师资、场地、设备等达到办学条件要求，更是指高校人才培养模式、专业及课程设置、学校教学科研管理和资源配置要进入一种刚性与柔性并重、系统开放透明、标准和维度多元、实践适切、动态评价、大数据管理的全新状态。高校外部质量保障体系建设既是通过高等教育“管办评分离”、政府“放管服改革”、现代大学制度建设、高校教学评估与学科评估、社会评估机构与相关制度建设、高校年度质量报告制度等一系列政策工具来构建新型的高等教育公共治理体系，也是用适应本国现实的“国家学历资格与人才标准框架体系”“高校教学评估与学科评估标准”“高校专业质量标准和课程标准”等标准体系，为我国高等教育发展和高校办学界定“底线标准”并提供方向指引，甚至是用更外围的社会用人制度和收入分配制度改革等作为辅助。应该说，构建高校内外部质量保障体系的过程既是高等教育结构重建的过程，也是高等教育制度体系重构的过程。笔者希望，在中国特色高等教育发展管理模式下打造的这套体系平台，可以依靠其体系完备性和管理运行的高效性，为我国高等教育超越西方经验、走上中国特色高等教育之路奠定基础。

（二）我国高等教育现阶段的主要发展特征

高等教育体制改革已经重启，传统经验发展和经验管理模式亟须走向现代化、科学化。

我国高等教育体制改革滞后于实践发展，主要原因之一是20世纪90年代中后期高等教育宏观管理体制、办学体制、投入体制改革初步完成以后，高等教育发展的任务重心突然转向高校扩招和基础设施建设，使本来需要继续细化推进的各项体制改革有所停滞，遗留下很多没来得及完善和处理的问题。比如，当时取消行业办学尽管有利于理顺政府部门体制，但实际上却割断了高等教育与行业产业的传统联系。由于没有及时采取诸如“行业协会与高校携手”之类的补偿性措施来续接这种联系，因此在一定程度上导致了后来高校办学与社会发展需求脱节的问题。再如，当时绝大部分高校交由地方政府管理后，尚未对新的管理体制下的中央与地方责权利关系、地方高等教育治理能力提升、区域间高等教育协调发展等进行细化安排，便进入了高等教育规模粗放扩张的发展阶段，导致地方高等教育改革发展过程中出现诸多问题。直到2010年《国家中长期教育改革和发展规划纲要》颁布，我国高等教育体制改革才得以全面重启，并以管办评分离改革、现代大学制度建设、高等教育综合改革试点等政策形式体现出来。

2010年以来，我国高等教育体制机制改革备受重视，并在本科教学评估制度改革、高校内外部治理结构建设、高校教学与科研制度改革等方面取得了值得肯定的进展，但是目前仍存在两个主要问题：一是各项改革以“点状”形式分散推进，在协调统一与联动机制方面缺乏系统设计和整体逻辑秩序，环环相扣的改革路径尚不明晰，特别是高等教育评价制度体系、投入制度体系、高校办学制度体系三个层面的关系还没有理顺，由评价决定投入，由投入带动高校办学行为的三层良性循环机制还没有形成。二是传统的经验发展和经验管理模式有待更新。目前高等教育改革和发展主要还是依靠政府的政策导向和各种专项工程和项目带动，而在打破各类主体间旧有的责权利关系、重构新时期的责权利关系以及改进高等教育管理技术方法等方面，尚需更多突破。

高校教学与人才培养模式改革不断深入，学校教学工作核心地位得到重视，但高校教学与科研的关系有待进一步理顺。

人才培养是高校的首要职能。从理论上讲，由于教育教学观念、人才培养规格、教学内容、教学方法、教学组织形式、教育技术手段、教育资源环境等总是处于发展变化之中，因此不论在教育理论研究领域还是实践领域，高校教学改革都是一个长盛不衰的话题。就我国现实来看，如果说20世纪90年代到21世纪初，我国高校主要受制于教育教学观念落后、高等教育体制不畅、科研导向的评价激励政策牵制、扩招后的办学条件不足等内外部因素影响，导致高校教学改革始终无法全面深入展开，教师教学积极性无法充分调动起来，进而影响到人才培养质量。随着高等教育内外部各种影响因素的逐步改善、高校教学评估制度的建立以及“本科教学改革与教学质量工程”“示范性高职”等政策的实施，我国高校教学与人才培养模式改革已进入一个新的发展阶段。

(三)高等教育应用性发展的历史考察

高等教育在我国产生以来，一直致力于服务社会、培养国家需要的人才。对于这个历史情形大致可以进行如下研究。

1. 问题提出

高等教育大众化理论的引入，对于我国的高等教育扩张政策与实践产生重大影响。学界也普遍认为，随着高等教育的大众化和普及化进程，高等教育的主体不再是培养精英人才，而是着重培养应用型、职业型专门人才。这一话语，泛泛地说，自然可以说得通，但仔细追究，可以发现学界的这一认识其实存在着一个把规模与性质混同的逻辑错误，即把精英人才与应用型、职业型专门人才作为一组范畴对立起来，或者把精英人才等同于学术人才、理论人才。本书认为，此处的精英人才，更多是对于高等教育的规模而言的，即相对于广大适龄人口来说，能够接受高等教育的人口非常稀少，在社会分层中处于精英地位的机会更大，从而被称为精英，而并非指人才类型及其本质属性，这些数量稀少的精英人才也很有可能是应用型、职业型人才。那么，对于应用型人才的追求是不是最近才流行于中国高等教育的一种新鲜事物呢？如果从官方正式出台的政策文本来考察，“应用型”字样与高等教育挂上钩，的确是新近出现的事情。政策文本是我们进行学术研究必须掌握的资料，也是我们研究的重要依据。但作为学术研究，一个更重要的依据是学理视角的观照。

2. 市场和政策驱动与院校转型（1985 年至今）

早在 20 世纪 80 年代，教育部就提出要把本科教育培养目标的“专门人才”基本定位修改为“实际工作者”。1985 年前的新中国高等教育对于应用型人才的培养，主要来源于国家现代化建设的强烈需求，为国家培养“接班人”和“建设者”；1985 年以后，院校转型的动机应在就业制度市场化变革的背景下考虑。除了国家对于高等教育分类发展的政策驱动之外，更多地饱含了市场的需求，即市场对于应用型人才的渴求。通俗地说，演变到今天的院校转型，被同时寄予了“终结毕业生就业难、企业用工荒”“打破高等教育同质化困局”等期待。

(1)就业岗位的体制外供给与劳动力市场的用人取向

改革开放之初，党和国家将工作重心转移到经济建设上来，中华民族又迎来一个百废待举的局面，人才断层危机再次出现。然而，大学毕业生的统包统配制度的实施却并不顺利。恢复高考后的首届毕业生，就有近两万人由于所学专业与社会需求不符，难以安排工作，不得不运用行政手段安插到学生来源地区的有关部门。面对这一形势，党和政府启动一系列重大改革。随着《关于经济体制改革的决定》的颁布，1985 年 5 月 27 日中共中央颁布的《关于教育体制改革的决定》，以文件的形式对新中国成立 30 多年来一直实施的高校毕业生统包统配制度做出了重大改变。1993 年印发的《中国教育改革和发展纲要》制定了高校毕业生“自主择业”的制度改革目标，这一目标在 2000 年得以实现。

20 世纪 90 年代中后期，中国经济已由典型的计划经济转变为以市场机制为主导的体制，买方市场已经形成，高校毕业生市场同样如此。无论从市场供求角度还是从国家放权的角度来看，用人单位都已获得了就业市场上的用人决定权。与就业制度市场化改革相伴随的是，非国有机构重新获得了合法性，毕业生的职业获得来源由“一元”变为“多元”。改革开放后的就业岗位主要是在体制外产生的，传统公有制单位的就业岗位则呈线性下降趋势。《中国教育年鉴（2003）》表明，2002 年时，我国高校毕业生就业已形成事业单位、国有企业和民营三资企业“三分天下”的格局，到民营三资企业就业的毕业生约占已就业毕业生总数的 30%。2004—2008 年，到事业单位就业的毕业生比例由 2004 年的 23.8% 下降到 2008 年的 11.4%，到机关就业的毕业生比例则从 2004 年的 3% 下降到 2008 年的 1.5%。由 2008—2011 年江西省高校毕业生就业新闻通稿可推算出，高校毕业生初次就业率中常规就业率均不足 15%，也就是说，85% 以上的高校毕业生必须面向体制外单位寻找就业岗位（内部资料）。2019 年的全国抽样调查数据表明，2019 年毕业生待就业的比例上升，民营企业仍然是吸纳毕业生最多的单位类型。企业在招录员工时更看重的是毕业生的能力或培养潜质、是否符合企业文化、能否给企业带来效益，而非学习成绩等偏理论性的东西。不少企业对学校教育不太满意，认为脱离了实践，培养出来的人才不实用。2009 年 7 月 5—12 日，某新建本科院校通过走访用人单位，对土木工程专业毕业生的跟踪调查发现，用人单位对课程设置的建议为：对于学生培养工作的建议主要体现在应加强专业课程的横向、纵向交叉，做到精通 1 ~3 门、通多门，能够解决工程实务问题；应增加课程设计和课程实习与实际工程的联系，增加实践和实习，并提高学生动手能力。北京大学教育经济研究中心通过近 10 年的大型调研发现，毕业生对于就业的影响因素中，能力因素排在第一位，工作能力、职业规划（有相关实习和工作经历、目标的执行力、对职业的了解和自我定位等）、应聘技巧等与就业直接相关的因素显得格外重要；学习成绩、热门专业、学校名气地位等与高等教育直接相关因素的重要性有降低的趋势。

（2）就业紧张与高校同质化之间的张力

大多经济学家认为，近年大学生就业难的核心原因在于结构性失业。大学毕业生就业市场呈现明显的结构性失业特征，“就业难”和企业“用工荒”两种现象并存。市场转型后，对于就业岗位的配置以市场机制为主。与此最直观的对应就是高校的身份地位与毕业生就业率的错置。从学校类型层面上看，2011 年，“985”院校毕业生初次就业率最高，其次为高职高专院校和“211”院校，独立学院、一般本科院校、科研院所和军事学院的初次就业率相对较低。2012 年，就业率排名第一的是“985”院校，第二的是高职高专院校，第三的是“211”

院校，第四的是独立学院，地方普通高校垫底。2013 年，高职高专院校的初次就业率最高；其次是“211”院校，为 75.5%。多年数据均表明，地方本科院校初次就业率是垫底的，而以应用技术型人才培养为目标的高职院校就业率高居第二，仅次于“985”院校，且高于“211”院校。随着高等教育由精英化向大众化的转变，劳动力市场的风向标指引着院校转型方向。

1985 年，高等教育各层次中研究生、本科生和专科生之比为 8∶100∶52。1985 年之前，中国的研究生教育规模很难撑起一个现实的研究生教育层次，在这种特定的历史环境下，作为高等教育绝对主体的本科教育，当之无愧地承担了培养“高级专门人才”的重任。随着研究生教育的发展、高等教育的大众化以及长期形成的一套高度专业化的专业体系，弊端暴露无遗。20 世纪 80 年代，我国开始反思以专才教育理念为核心的苏联模式，转向学习美国通才模式。综合化成为新一轮院系调整的主旋律，大体在校际以及学校内部两个层次上进行。作为校际的综合，1990 年后，前后共有 900 余所高校加入合并运动之中，从此，综合性、多科性高校成为主流，完全意义上的专门学院基本消失了。高校内部系科专业之间的综合，指的是许多高校为淡化专业界限、打破专业壁垒，将一些性质相近、口径较小的专业合并重组成宽口径的大专业；组建大范围的“学科群”以促进学科之间的相互交叉与渗透；取消与具体的专业相对应的教研室制而改行学院制，以便与组织建制上相配套。

改革开放之初，个别高校在应用型人才培养方面做了不同程度的实践探索，国家政策层面也做了不同程度的引导。原国家教育委员会在 1992 年理科专业目录中，将人才培养规格分为“基础”和“应用”两种类型。《中国教育改革和发展纲要》（1993 年）提出本科教育要“制定高校分类标准和相应的政策措施”，同时“重点发展应用学科”，并着力推动了“211”工程和“985”工程等高水平大学建设，但是对占很大比例的普通本科院校的办学定位则没有明确给出。随着 1999 年高等教育大扩张政策的连年实施，高校的发展定位问题越来越凸显。1999 年后，新建本科院校多由办学历史悠久、办学水平较高且特色鲜明的高职高专院校升格而成。这些本科院校的新成员大多因缺乏本科教育经验或者在专科层次办学时就属于本科压缩型办学模式，所以在升格后模仿学术型的老本科院校办学模式，并逐渐形成路径依赖。在大众化阶段，各类高等教育机构仍在沿用精英化背景下趋向于学术型的单一质量标准。

(3)院校转型：政府引导及其探索

为了“克服同质化倾向”，引导高校合理定位，“在不同层次、不同领域办出特色”，应用型本科教育问题在国家高层的决策和讲话中频频出现。自此，“应用型本科”不再是单纯的学术概念，而是国家决策层关注的重要改革工程。在教育适应经济社会、产业发展所需要的现实背景下，国家或地方政府创办高校，一是满足整个社会或当地人口的高等教育需求，二是获得为促进国家区域或本地经济社会发展需要的人才。如今，国家财政性教育经费支出占国内生产总值4%的指标问题解决后，政府决策层关心的是，“教育不能只是花钱，花那么多钱要考虑为我做了什么（政府关心的经济社会发展）?”2014年，教育部原副部长鲁昕谈到中国当前的职业教育是个“断头桥”，并指出要搭建开放内外衔接的人才成长立交桥。同年，国务院印发了《关于加快发展现代职业教育的决定》，认定转型发展是对高等教育分类发展的真正破题，提出要“引导一批普通本科高等院校向应用型技术类型高校转型，加强职业教育与普通教育沟通”。在高校分类发展的理念支持下，国家改革与发展教育的动机是把高等教育的功能更多地引向为国家经济社会发展服务。《国家中长期教育改革和发展规划纲要（2010—2020年)》表明，自2010年起教育部开始筹划建立高校分类体系，引导高校合理定位，克服同质化倾向，将高职、新建地方本科院校、独立学院纳入现代职业教育体系，改变以往单一的学术型或研究型办学模式。加快发展现代职业教育是党中央、国务院的重大战略决策。2014年国务院出台的《关于加快发展现代职业教育的决定》以及教育部等六部门印发的《现代职业教育体系建设规划（2014—2020年)》表明，高校分为研究型高校、应用技术型高校、高等职业学校。2015年10月，教育部、国家发展和改革委员会、财政部印发的《关于引导部分地方普通本科高校向应用型转变的指导意见》（教发〔2015〕7号）明确提出“引导部分地方普通本科高校向应用型转变的决策部署”。至此，院校转型发展工作开启了国家顶层设计的推动模式。

三千年大变局以来的中国现代化至今没有改变“政府主导型”特质。国家层面的一系列讲话与文件表明，在这次院校转型中政府发挥了高位推动作用。相应地，政策驱动的院校转型，其方法论主要体现为通过方向指引和资源约束使院校完成规定的动作和程序。《国务院关于加快发展现代职业教育的决定》指出，“采取试点推动、示范引领等方式，引导一批普通本科高校向应用技术类型高校转型，重点举办本科职业教育”。由政府部门推动的高校转型改革，将以欧洲应用技术大学为蓝本。“招生、投入等政策措施向应用技术类型高校倾斜。”教育部原副部长鲁昕在2014年4月25日的“产教融合发展战略国际论坛”的致辞中指出，要在高校专业设置、财政投入等方面对向应用技术型高校转型发展的地方高校倾斜。“从今年开始，在基本稳定规模的前提下，本科和专业学位研究生招生计划增量支持转型试点取得明显成效的高校和专业，省级要对存量计划进行调整，用于扩大符合产业规划、就业质量高和贡献力强的专业招生规模。”国务院常务会议做出了业务指导，要求转型院校的专业设置与产业需求、课程内容与职业标准、教学过程与生产过程“三对接”，积极推进学历证书和职业资格证书“双证书”制度。

随着《关于引导部分地方普通本科高校向应用型转变的指导意见》的颁布，浙江、河南等20多个省（自治区、直辖市）出台政策，300多所地方本科高校参与改革试点。面对国家和省级层面关于应用型本科院校建设标准缺失的困境，一些省份先行探索。如2016年广东省公布14所首批应用型本科转型试点高校名单，已基本完成一个人才培养周期。不管是政府政策驱动还是市场生存驱动的院校转型，对于院校层面来说，其转型方法大多表现为顶层设计式的整体规划，如推动办学定位、办学理念、人才培养模式、学科专业建设、师资队伍、教师科研等各个方面的转型。

三、地域文化融入地方高校教育的诸多逻辑依据

在研究和阐释了地域文化和高等教育的重要性、诸多特征以后，下面我们可以从逻辑上追问为什么将地域文化融入地方高校教育之中？笔者以为至少有四个方面的逻辑依据：一是地方经济社会发展需要地域文化融入地方高校教育之中；二是地域文化本身的发展与传播需要地域文化融入地方高校教育之中；三是地方高校教育本身的发展和社会服务职能需要地域文化融入地方高校教育之中；四是新时代大学生家国情怀、乡土情怀的培育需要地域文化融入地方高校教育之中。这其实彰显地域文化融入地方高校教育应该遵循地方经济社会发展的逻辑、地域文化发展的逻辑、高等教育发展的服务社会的逻辑、大学生走向社会的社会责任培育的逻辑等。

（一）地方经济社会发展需要地域文化融入地方高校教育之中

将地域文化融入地方高校教育的第一个逻辑依据就是地方经济社会发展的需要。地方经济社会文化发展有很多的表现，也需要采取很多的重大措施才行。地域文化融入地方高校教育之中将会极大提升地域文化的知名度和影响力，高校传播地域文化后，会形成良好的文化。按照马克思主义的哲学原理，文化具有巨大的反作用，影响一个地方政治、经济、社会和生态各方面的发展。

(二)地域文化本身的发展与传播需要地域文化融入地方高校教育之中

高校作为培养终端人才的地方，是地域文化传播和发展的重要阵地。地域文化的治理应将所在区域的高校作为重要载体来对待。

地域文化作为优秀传统文化的重要组成部分，不仅代表着中华民族深层的精神追求，更是滋养中华民族的沃土。高校根植于地方，是传承、繁荣地域文化的重要载体。将地域文化融入高等教育之中，有利于丰富地域文化的内涵，形成独特的地域文化。大学是孕育新知识、新思想、新方法的发源地，有良好的学术环境、百家争鸣的学术氛围、走在科学前沿的学术成果，是文化创新的沃土，肩负着继承创新地域文化发展的重任。高校校园文化需要地域文化的滋养，地域文化也需要高校的引领。各个学科领域的带头人、专家和学者，汇聚在高校探索研究、交流创新，挖掘地域文化的精髓，总结文化的最新成果，以丰富地域文化的内涵。积极推动文化传播，不断满足大众日益增长的多样性文化需求是获得文化发展的前提，也是实现地方高校自身价值的重要内容。

(三)地方高校教育本身的发展和社会服务职能需要地域文化融入地方高校教育之中

将地域文化融入地方高校教育发展的第三大逻辑依据是地方高校各个学科教育的发展和社会服务的需要。

一方面，地方高校教育的学科很多，文科、理科、工科、医科、农科等科目都有，这些学科的教育发展，不仅需要在本身理论系统寻求教育资源、专业性的教育资源供给，也需要文化性的教育资源供给和地方提供实证性的教育资源。地域文化中的物质文化、制度文化、精神文化、行为文化等都蕴含了不同学科可以挖掘的教育资源与教育元素，可以为地域文化融入地方高校教育提供可能。

另一方面，高校的社会服务责任也需要将地域文化融入地方高校教育之中。一所高校的责任主要有教学、科研、服务社会、文化传播和学生就业创业。就地方高校来说，服务社会包括两大块：为地方发展培养人才、智库、可能的技术研究和指导；传播当地的地域文化。就传承地域文化而言，地方高校具有以下优势：一是地方高校有传承基础。地方高校传承地域特色文化的基础在于二者的互动性。地域特色文化是对当代大学生进行教育的重要资源，是地方高校发挥四大基本职能的母体。地方高校根植于地方，其自身的发展与地域文化建设一脉相承，是地域特色文化传播、传承与发展的重要阵地和智力支撑。在地方高校与地域文化不断接触、融合的过程中，高校通过所在地域文化的变化和发展，紧跟时代发展变迁的步伐，将传统性、时代性、独特性进行有效的展现，辐射周边文化的先进性与科学性，最终形成互动发展、共同提升的循环运转体系。二是地方高校有传承核心。地方高校传承地域特色文化的核心在于文化的传承与创新。传承功能和创新功能是高等教育的两个基本功能。高等教育的文化传承是一种以文化批判为前提的传承，并非全盘照搬前人已有的文化，而是对前期积累的文化加以挑选，并进行相应的整理、创造，进而进行批判性传承。高等教育进行的文化选择是以文化批判为基础的挑选。从某种意义上讲，文化选择本身就是一种文化批判，而高等教育的文化创新实质上是一种高层次的文化批判。我们所进行的全部文化创新，都是以对人类已有文化进行选择与批判为前提的。三是地方高校有传承价值。地方高校传承地域特色文化的价值在于文化的引领与辐射。地方高校既是地方从事教育的机构，也是当地的文化中心。其扎根于地方，有着鲜明的地方特色，不只是服务于当地的社会经济发展，更肩负着引领地域文化发展、创新的责任。作为新文化创造与培育的核心基地，长期以来，地方高校影响、引领着地域特色文化的更新和发展，借鉴先进的外来文化并辐射周边，不断继承与发扬优秀的地域特色文化。引领地域文化发展与创新、扩大文化的交流与影响力、提升地域文化辐射力，是地方高校传承地域特色文化的价值体现。

(四)新时代大学生家国情怀、乡土情怀的培育需要地域文化融入地方高校教育之中

家国情怀是中华民族的优秀文化传统，是我国人民爱国、报国的朴素表达，也是我国高校在人才培养中的重要方面。培育有家国情怀的大学生，与国家的未来发展同向同行，高校工作者应认真研究和积极实践家国情怀，担当起在大学生中培育家国情怀的工作重任。地域文化中蕴含丰富的家国情怀资源，可以融入高校各个学科教育之中。

1. 家国情怀的释义

国家情怀，是指一个人对自己国家所含有的特殊感情的心境。国家情怀包括以下的感情心境：一是热烈地爱自己国家的政治、社会、文化、科技、外交等及其制度。爱自己国家建设和发展的大目标、大计划、大事业、大成就；形成对于国家的道路自信、理论自信、制度自信、文化自信。二是积极地维护和捍卫国家的领土和主权完整，反对和谴责入侵者，有坚决打击入侵者的信心和气概。三是

严肃而坚决地尊重和维护国家的尊严和声誉，严肃地使用国徽、国旗、国歌、国家版图，对破坏国家尊严和声誉的言行表示强烈愤慨并勇于揭露。在国际交往中，要有维护国家尊严和声誉的自觉。四是以投身国家建设事业而自豪，决心为国家建功立业，在工作岗位上为国家的强大和发展而骄傲。五是学习和发扬国家和民族优秀的科学、技术、文化、艺术，继承国家和民族优秀的精神文明成果，树立起中国人强烈的文化自豪感。六是有维护国家民族团结的自觉。各民族的团结是国家稳固的基础，每个人都应树立起维护民族团结和国家统一的国家情怀。

家国情怀是家庭情怀与国家情怀的“化合”物，是对家国一体化的特殊感情的心境，是把爱国和爱家融为一体的心境。家国情怀是一个人对家庭与国家的“同理”“同质”“同构”“同功”等“四同”的深刻认识的结果，是由家庭到家族再到家国情感的无缝链接。第一，家庭与国家的“同理”，就是要真正地感受和认识到，家庭和国家都要生存、发展、传承；家人要团结、同心、互敬、互爱、互助，一个国家的民众同样要团结、同心、互敬、互爱、互助，要同舟共济，结成命运和利益共同体。光大门楣和为国争光，是相同的政治趋向，是寻求相同的政治价值。第二，家庭与国家的“同质”，就是要使家庭与国家找准历史定位，匹配人类发展的一定历史阶段，适应相应的生产力发展水平，衔接相应的社会制度，追赶或引领适时的科学技术进展，跟上文化发展步骤。第三，家庭与国家的“同构”，是指家庭尤其是大家庭和国家都有一个核心，都围绕核心形成强大凝聚力，接受和拥护核心的统摄作用，都要在核心外形成组织结构，以期发挥既定功能。在规制上也有同构，家庭有家规、家训、家风，国家有法律、条例、作风。在精神上，家有孝道，国有道德，都有精神滋润。家国同构是中国几千年的传统，是中国几千年屹立不倒的重要原因之一。第四，家庭与国家的“同功”，是指家庭总要想方设法团结其家庭成员，形成和发展合力，去应对自然界和人类社会的挑战，以求生存、发展和实现人口的生产和再生产；国家也要组织和动员千万家庭，形成国家伟力，开展物质生产和精神生产。除了以上“四同”外，家国情怀有时会体现大国家利益、小家庭利益；有时要先国家利益，而后家庭利益；有时牺牲家庭利益，而保护国家利益。

2. 培育大学生家国情怀的重要性与艰巨性

培育大学生家国情怀的意义是重要的。

第一，家国情怀决定着大学生的其他情怀的方向、内容和丰度。家国情怀往往对人生的志向、意趣、动力等有重要的作用。因为家国情怀是人的高级情感，是对家庭、对国家、对家国及其关系的分析、思考和判断，展示了大学生精神世界中的重要内容，赋予大学生巨大的正能量。众所周知的香港事件从最初的游行、占领机场，到在世界各地发起游行，暴力分子企图制造事端。在异国他乡，在国家遭受非议之时，中国的海外留学生挺身而出，自发地走上街头挥舞国旗、高唱国歌，无数的五星红旗汇聚成一片红色的海洋，只为告诉世界：我和我最亲爱的祖国，一刻也不能分割。哪怕天空下起小雨，留学生们宁愿自己淋着，也要给国旗撑伞，使人动容。

第二，家国情怀会影响大学生的人生方向、人生目标、人生动力、人生价值。学生的生存与发展、就业、立业等人生环节，学生的家国情怀在家庭情怀和国家情怀的共同作用下在产生、丰富、充盈。大学生是社会发展的栋梁之材，既应该胸怀国家，又应该具有优秀的道德品质和很高的综合素质，不负韶华，在不同领域为人类发展和社会进步做出重要贡献。肇庆学院的朱同学在大二时光荣入伍，军营生活塑造了其胸怀祖国、吃苦耐劳的优秀品质。退伍回校后，他毅然报名参加了援藏支教队，在支教结束后，他因心怀报效祖国的理想，决定在毕业之后成为一名西藏体育教师，为祖国边疆地区的教育事业贡献自己的青春和力量。

第三，家国情怀能引起大学生心灵的共鸣、净化校园环境，进而优化国家的政治和文化生态，是国家团结的凝聚剂。各学校均应积极营造热爱祖国的校园氛围，如肇庆学院国砚广场上的“我与祖国同框”“青春告白祖国”展板成为国庆期间师生们争先合影打卡的网红点；国旗护卫队的视频推广、报道采访让国旗文化成为宣扬爱国情怀的新力量；易班网络平台的“守护国旗”网络签名寄语活动在校园内掀起阵阵热潮……浓厚氛围的家国情怀氛围激励着广大师生心系国家、励志奋斗。在每一个时代，家国情怀都会沉淀为一代人的共同精神财富，并转化为国家和民族的遗传基因，不断丰富国人的灵魂。

培育大学生家国情怀的任务是艰巨的。

第一，当今国际，经济战、文化战、科技战的权重在迅速提升，因而国家和家庭利益的守护和拓展，在内容和形式上都发生了深刻的变化，迫使家庭、家族、家国的概念、理论及其传播、维护发生了空前的变化。单纯的宣讲教育已经对大学生失去了吸引力，使得培育大学生家国情怀的任务越发艰巨。

第二，在改革开放的大环境下，当代大学生思想观念受到一些资本主义思潮的冲击，青年学子过于强调个性自由，更加关注自我，加上西方不良的人生观、价值观、历史观对其侵蚀，淡化了他们对中国传统家国情怀的继承、认知和实践观念。因此，培育大学生的家国情怀是一个缓慢的过程。

第三，因为家庭背景、教育程度、了解的事物不同，大学生对家庭、国家、家国及其理论的认知是千差万别的，对家国情怀的体验程度不同，其形成的过程会有反复，更会受外界诸多因素的干扰。所以，对大学生的家国情怀的培育是一个曲折的、不断提升的过程。

3. 高校是培育大学生家国情怀的阵地

高校教师要全面地提升家国情怀素养，高校自身要厚植具有家国情怀的良好学风、校风，应根据新时代大学生思想状况和发展特征，选择合适的培育路径，积极培育当代大学生的家国情怀，使其做到内化于心、外化于行。

第一，引导大学生全面深刻地理解家庭、国家的历史、现实及其相关理论。大学生在家庭生活和社会生活中，是作为自然的存在，而不是自觉的存在。许多人不去深究家庭和国家的功能是什么，它们是如何发挥功能的，它们的变化和发展有什么规律；家庭与国家有哪些关系，这些关系有哪些类型和性质，家庭和国家是怎样互相制约的；我国与他国有什么关系，是怎样相互作用的，这些相互作用的古代表现和现代表现有哪些，等等。这些问题的解答需要学习历史知识、理论知识和方法。应发挥课堂教学主渠道的作用，大学生只有掌握了相关的知识和理论，且提升对家庭和国家的理性认识，大学生家国情怀的形成才有深厚的根基。

第二，引导大学生科学理性地认识个人和家庭与国家的关系，准确把握处理家庭与国家关系的准则。在家庭与国家的关系上，国家决定家庭，家庭对国家产生影响或反作用。

第三，引导学生勤于阅读，把握中国历史发展的脉络、波折和兴替。以中国的辉煌历史去培养学生作为中国人的自豪感、自信心和责任感。以国家的危难史、国家经历的重大教训，去敲打学生的心灵，促使学生顿悟，培养学生对国家的担当精神和奉献觉悟。以中国历史上的大贤、大智、大勇、大忠者为榜样、标杆，接受精神洗礼，塑造心灵，镌刻心境，把国家和民族利益根植于灵魂深处。针对大学生的特点，引导他们学习和反思中国科学技术文化史，引导他们学习和研究晚清以来中国知识分子救亡图存的理想抱负和卓绝奋斗，引导他们学习新中国知识分子为国家富强发展的奋斗和奉献事迹。

第四，引导学生全面、科学、深刻地认识当代中国，认识和把握中国社会的主要矛盾。

第五，在大学生中开展一些喜闻乐见又深刻有效的活动，注重实践育人。搭建社会实践平台，营造知行合一的文化氛围，大力开展日常实践、双休日实践和寒暑假集中实践活动，让学生走向经济建设和社会发展第一线，在认识和服务社会中开阔视野、磨炼意志、增长才干。如高校可以结合重大节日、纪念日和重要纪念场所定期举行庆典仪式和纪念仪式，这不但能够增强学生的民族自豪感和爱国热情，而且能够通过仪式发挥传承家国情怀的作用，起到很好的精神示范作用。

第三章　地域文化融入地方高校教育的案例分析

——以陕西榆林高校为例

将地域文化融入地方高校教育既有地方各个层面发展的原因，也有高校教育本身发展、服务社会的原因。这种教育模式已经在各地方高校教育中开展多年，也取得了一些成果，只是具体情况有差异。本章将以陕西榆林高校为例，调研和阐释陕西高校如何将地域文化融入地方高校教育，力求从中得出一些经验和教训。

陕西有丰富的教育资源，将陕西地域文化融入地方高校的学科主要有思政学科、人文学科、艺术学科以及文学学科。

一、将陕西地域文化融入地方高校思政学科的教学

陕西地域文化中有独特的红色文化资源，在全国都是独特、领先的，蕴含丰富的思政教育资源。

(一)陕西地域文化融入思政课教学的现状

当前，推进陕西地域文化资源融入高校思想政治教育还存在以下问题：一是对陕西文化资源的统筹开发和高校研发利用文化资源的支持力度不够；二是高校搜集、筛选、研究和整理本土文化资源的工作力度、深度及广度不够；三是政府在协调联动方面存在短板，本土文化资源缺乏系统整合，文化资源共享不足，大量优秀本土文化资源被忽视或闲置，利用率不高；四是教师对陕西文化资源在高校思想政治教育中的认识不够，缺乏系统的专题培训，不能很好地将陕西地域文化资源融入教学当中。

(二)改进地域文化融入思政课的教学实践建议

组织专家学者对陕西文化资源进行系统梳理整合，编写陕西文化丛书及辅助案例教材，以陕西文化完善思想政治教育理论体系，优化思想政治教学体系，提

升陕西省大学生的思想政治水平。

政府主管部门制定完善陕西文化资源研发与教育规划，建立国家级、陕西省级、陕西高校相互联动的思政教师培训机制，建立协调文化资源隶属部门与高校之间沟通合作机制；文化资源隶属部门积极配合，为高校研究、参观、使用本土文化资源、体验乡土历史提供便利；高校相关院系可成立“陕西文化资源融入思想政治教育教学研究中心”，制定教学方案和融入措施，积极有效地开展教育教学。

组建陕西文化资源共享平台，成立专项课题组，依托高校及文化研究机构加快陕西文化资源数字化建设；通过联动培训，加强公共文化产品和服务供给，切实加强高校对本土文化资源的深度理解和准确把握，更好地满足大学生精神文化生活的需要。

二、将陕西地域文化融入地方高校人文学科的教学

陕西文化中有丰富的人文资源可以汲取利用。这里以对陕西交通职业技术学院开展的一次关于陕西地域文化情况的问卷调查为基础进行阐述。

(一)学生喜欢陕西地域文化，但对其缺乏了解

从总体数据上看，陕西交通职业技术学院的生源主要来自陕西本省，他们大多生于斯长于斯，有90%以上的学生欣赏、热爱陕西地域文化，对自己目前生活的这片土地充满感情。从问卷中我们可以看出大多数学生对陕西地域文化很欣赏也渴望了解，他们表现出对家乡文学的强烈兴趣，但是与此同时，绝大多数同学对陕西的民俗文化、地域知识、人文知识均缺乏深入的了解。对于中华民族的重要文化活动——公祭轩辕黄帝大典不了解、不知道的人占到45%，就连对陕西地域中非常基础性的知识也知之甚少，如西安是十三朝古都的问题，仅有一半的同学答对，对于“八水绕长安分别是哪八水?”这道题目，仅有21%的同学做出了正确的回答，可见我们的学生对家乡缺乏基础的认知和了解。从某种程度来说，大多数陕西人并不太了解陕西地域文化。

(二)学生对地域文化学习兴趣浓厚，但缺少有效的学习途径

在参与此次问卷调查的同学中仅有64%的人参加过学院举行的人文类知识讲座，36%的同学选修了人文类课程，同时仅40%的同学觉得对于学院目前的陕西地域文化宣传是感到满意的。在对陕西文化的了解渠道上仅有38%的同学是

通过学院宣传获取相关知识的，绝大多数同学的地域文化知识仍是通过家中长辈的口耳相传得到的。

这显示出学生普遍对学院开展的人文教育活动的参与度、积极性不高，一方面说明目前学院开展的相关人文教育活动对学生欠缺吸引力，与学生生活的契合度不高；另一方面显现出学院开展地域文化的相关教育活动还相对较少，对地域文化宣传工作并没有做到位，还有很大的缺口需要弥补。

（三）高职学生人文教育无法与地域文化取得较好融合的成因分析

1. 主观认识不足

社会对于应用型人才的呼唤使学生和家长把高职院校的专业方向选择、专业课程设置看作在高职就读的头等大事，学生普遍愿意把时间花在对就业“有用”的专业课程学习上，对人文知识缺乏重视。学生没有主动培养自身人文素养的意识，有77%的同学表示较大一部分业余时间为专业课程学习所占用，而将业余时间用于学习人文修养、文化素质的学生人数比玩游戏的人数还要少，可见学生的学习动力仍是近乎功利的，“有用”是触动他们主动掌握知识的最首要动力。

在此次问卷中，81%的学生表示制约大学生人文素养提升的主要因素是受社会非主流价值观影响，人生观、价值观功利化、务实化，自己本身没有文化类课程的学习自觉，在实际授课过程中，文科教师也普遍感觉到学生对文化类课程并没有多大的兴趣，认为跟今后找工作没有多大关系，对此也并不重视。可见学生主体对人文教育认识的不到位也是阻碍综合素质教育提升的一大因素。

2. 受专业局限性的影响

由于陕西交通职业技术学院的专业设置，尤其在公路、汽车、建测学院，男生、理工科学生占到了非常大的比例，学生本身在高中阶段可能对文化类知识的学习缺乏重视和敏感度也是一个重要原因。据调查研究显示，理工科院校在人文学科课程设置数目较少，辅修人文学科的学生寥寥无几，甚至在一些理工类为主的大中专院校内，许多获得学士学位的大学生在校期间没有修过重要的人文课程。这也就造成了部分理工科大学生在人际沟通能力、语言表达能力、社会交往能力、抗挫折能力和应变能力等方面存在一定的问题，同时科学的审美和认知的缺乏以及较为机械的思维方式等，都使理工科大学生很难融入纷繁复杂的社会，在某种程度上不利于理工科大学生未来的择业就业。

3. 学校文化宣传工作有待加强

健康、正常的教育不仅仅是对学生知识的传授和能力的训练，更应重视对人格的塑造。目前绝大多数高等职业学院均把配合学生的职业技能摆在教学工作的首位。各个职业学院更多的是关心教育的工具价值，注重工具理性训练，无形之中冷落了教育的文化价值，严重忽视学生人文的多维发展。这种教育的结果既不能适应社会变革的人力需求，更有违人的全面发展。让学生掌握能够在社会中生存、生活的一技之长并没有错，但是如果过分强调培养“技能型”人才，就失之偏颇；所谓的“职业性”并非仅停留在技术专长范畴，高等职业教育应该以职业人格的养成为主要目标，而职业人格应以职业精神为核心，职业人文教育正是以其完整性和综合性的功能，构成了职业教育的灵魂；要使学生学会生存、学会学习、学会选择、学会合作，具备科学精神和人文精神，帮助学生更深刻地理解人生的意义，促进学生全面发展。

三、将陕西地域文化融入地方高校艺术学科的教学

陕西地域文化中也有丰富的艺术资源，比如陕北民歌、秦腔、皮影戏等艺术，都是高校艺术学科教育可以利用的教育资源。

(一)陕西音乐文化概况

陕西位于中国西部内陆腹地、黄河中游，是西北重要省份。由于地理、气候、民俗、方言等因素，陕西分为陕北、陕南和关中三个部分。三秦人民在这漫长的历史长河中创造了博大精深的陕西地域文化。在中国古代音乐的发展历史上，有一半的时期是与陕西地区密切相关的。这里蕴藏的音乐文化资源十分丰富，无论是陕北民歌、秦腔或是华阴老腔，还是西安鼓乐、秦筝、秦胡等秦派民族器乐，它们大都形式多样，影响深远。

1. 民歌

民歌是各地区、各民族人民在生产实践和社会实践中创作的，祖祖辈辈以口传心授的方式，在各种艺术形式的相互影响和融合创造中流传发展下来的，因此具有浓厚的地域风格特点。陕西民歌旋律动听、婉转细致，生动展现了当地百姓的生活和文化现象。其多采用高腔和平腔，生动表现了陕西人民淳朴、老实的品质和形象。流行在陕西地域的民歌主要有紫阳民歌和陕北信天游。紫阳民歌是流行在陕西省紫阳县境内的民歌，在陕西民歌中非常具有代表性。紫阳民歌的曲种丰富，有山歌、小调、风俗歌曲、花鼓八岔、风俗歌曲、号子孝歌、新民歌等十几种，其音乐有较强的舞蹈性、叙事性、抒情性的特点，适合抒情语言和动作的表达。陕北信天游是流行在我国陕北黄土高原一带的民歌，又称“顺天游”，意

为顺口而来，漫天而游，其曲调简明、体裁多样、即兴而唱。信天游的唱词多源于西北人民丰富多彩的日常生活，既可以唱爱情理想、生活琐事，也可以唱四季更迭、雨雪风霜。

2. 戏曲

戏曲是一种包含音乐、文学、舞蹈、美术、杂技等多种表演为一体的综合艺术。中国戏曲源远流长，与古希腊戏剧、印度梵剧合称为世界三大戏剧。陕西作为传统文化资源的集聚地，是我国剧种众多并独具特色的戏曲大省。在关中、陕南和陕北三个区域中，关中地区的戏曲种类是陕西最典型的，特别是秦腔，是在中国梆子腔体系中形成时间最早的，以梆子腔的鼻祖著称。关中地区的戏曲种类包括同州梆子、碗碗腔、跳戏、关中道情、阿宫腔、弦板腔、关中秧歌、迷胡、秦腔、老腔等。陕南地区包含安康、汉中、商洛，其戏剧种类有安康弦子戏、八岔戏、大筒子戏；汉中的戏剧种类有汉调恍恍、端公戏；商洛的戏剧种类有商洛道情、商洛花鼓戏等，其中汉调二黄是三个地区都有的戏剧种类。陕北地区有陕北二人台、陕北碗碗腔、陕北秧歌和陕北道情等。

3. 器乐文化

受地理环境、人文、历史等因素影响，陕西地方的器乐曲也十分丰富。特别是在 20 世纪下半叶，陕西的一批作曲家和演奏家创作了大量以陕西民间音乐为素材的陕西风格民族器乐作品。据陕西省民族管弦乐学会 2006 年的统计，已公开发表的具有“秦风秦韵”的器乐作品有 600 多首（部），其中筝曲 140 首、阮曲 191 首、二胡曲 47 首、板胡曲 18 首、民族管弦乐曲 80 余部，其他如笛子、唢呐、笙、箫、埙、葫芦丝、吹打乐、锣鼓乐以及合奏、齐奏、重奏、协奏曲等各种不同演奏形式的器乐曲 100 余首（部）。流传最广的有古筝曲《秦桑曲》《香山射鼓》；二胡曲《迷胡调》《秦腔主题随想曲》《蓝花花叙事曲》《渭北行怀》《秦风》；笛子曲《陕北好》《园春色》《乡音》《秦川抒怀》《秦吟》；唢呐曲《关中情》《欢天喜地》《怀乡曲》等。

(二) 本土音乐文化融入地方高校艺术教育的意义

高校艺术教育是高校实施美育的重要途径和内容，是素质教育的有机组成部分。2019 年 4 月，教育部发布《关于切实加强新时代高校美育工作的意见》（以下简称《意见》），指出“学校美育是培根铸魂的工作，提高学生的审美和人文素养，全面加强和改进美育是高等教育当前和今后一个时期的重要任务”。美育是全面发展素质教育的重要内容，艺术教育是培养学生感受美、表现美、鉴赏美、创造美的能力，是陶冶情操、启迪智慧、增强审美意识、增强学生深植民族情感的有效途径。

陕西音乐文化是中国传统音乐文化艺术的重要组成部分，其根植于陕西，具有鲜明的地方特色。高校艺术教育孕育在地域文化之中，并与之双向互动，同时也肩负起传承和发展地域文化的责任。因此将本土音乐文化融入地方高校艺术教育教学范围，不但可以有效发挥高校的传承作用，也为本土音乐文化的繁荣发展提供了良好契机，更是对中国民族音乐文化的继承和弘扬。

(三)高校艺术教育对陕西音乐文化的传承

1. 构建本土音乐文化课堂

地方高校在艺术教育教学中应担当起传承发展地方音乐文化的责任。构建本土音乐文化课堂，可以将高校音乐艺术课程与民间音乐文化内容相融合，既能体现出本土音乐文化的特色和魅力，使学生对其有深入的认识和了解，又可以让学生在学习中传承和发扬本土音乐文化艺术。陕西本土音乐种类繁多，影响较大的有关中秦腔、碗碗腔、陕西筝曲、陕北唢呐、西安鼓乐、陕北民歌、紫阳民歌、榆林小曲等，这些音乐文化代表着陕西地域民族风情，反映了三秦大地千百年的文化价值。

高校在构建本土音乐文化课堂过程中，可以开展特色艺术课程，如秦腔课程、陕北民歌课程、秦筝艺术课程等，还可以定期聘请一些当地知名的民间音乐艺术家走进高校，进行专业知识的讲座或举办地域风格音乐会，让学生们可以零距离接触和参与，亲身体验本土音乐文化的独特魅力。高校还应当注重艺术教育的师资培养，使高校艺术教师能够充分重视本土音乐文化的传承与发扬，提高他们对本土音乐文化的研究程度。除此之外，为了让本土音乐文化得到有效传承和保护，高校还可以进行课程改革与创新，将陕西音乐文化的内容融入高校艺术教育课程体系当中，这样既彰显艺术教育的目的，又凸显地域文化特色。

2. 编写本土音乐文化教材

教材是教师在教学工作中的重要参考工具，学校在艺术教育中合理使用规范的教材，才能更好地实现其艺术教育目的。因此若要在艺术教育过程中传承音乐文化，编写一本有关本土音乐文化的教材也十分重要。地方高校在编写教材时要结合自身特点、立足教育，以培养传承人才为思路，挖掘陕西音乐文化中的音乐理论、技能特点与艺术元素，将本土优秀音乐文化中典型的、具有代表性的音乐作品融入其中，编写具有鲜明地方特色的音乐教材。

首先，教材的编写要以文化传承为主导，且在教材中占有一定内容比例。编写本土音乐文化教材的目的就是要让学生在艺术教育中感受当地音乐文化的魅力，以增强他们对地域音乐文化的传承意识。其次，教材的编写要有趣味性。爱因斯坦曾说“兴趣是最好的老师”，要想让学生真正喜爱并学好当地音乐文化，一本有趣的教材是他们通往其目的地的钥匙。最后，教材形式要创新。随着社会的发展，智能移动终端广泛普及，手机和电脑成为新一代学生学习的重要工具。音乐是一种声音的艺术，在音乐教材的编写过程中可以打破传统单一的纸质课本模式，新型的音乐教材形式可以结合课程内容融入故事、音像资料，并搭配二维码技术，利用多媒体技术，使学生在学习理论知识的同时，也能用手机扫码搜索资料，使眼睛和耳朵真切地感受艺术文化。

3. 组织本土音乐文化艺术活动

音乐课程自身有着很强的实践性，若要在地方高校中有效开展本土音乐文化艺术教育教学活动，仅靠课堂的教学是远远不够的。因此，高校在教学过程中应当注重理论与实践的有效结合。实践活动是地方高校提升艺术教育教学的有力手段和坚实保障，也是本土音乐文化应用在高校艺术教育教学中的重要环节。学生在学习过程中不能仅停留在欣赏和认知层面，而应实际参与到音乐表演和实践中去，这样不仅能调动大家学习的积极性，还可以使本土音乐文化传播得更久远。

在以往的教学中，音乐教师过多地把时间和精力放在理论教学、技能教学方面，忽略了学生的知识技能应用能力，要想使本土音乐文化能够在校园有效传承与发展，教师不仅要认识到音乐教学的实践性，还应当树立创新教育理念，将理论与实践进行整合，组织学生走进艺术现场，让他们零距离地参与到内容丰富、形式多样的本土音乐实践活动中，使其学以致用，这样不但可以巩固他们对音乐的认识，同时也提高了他们的学习热情。例如教师可以在课外实践活动中带领学生去体验当地音乐文化，去聆听、去观看、去感受，以增强学习的生动性和参与性。此外，院校还可以组织学生参加陕西音乐文化艺术节、陕西风格作品音乐会、陕西音乐文化沙龙、陕西音乐文化讲座等活动，将他们在课堂所学的知识转化为舞台上的音乐艺术表现，增强他们对本土音乐艺术的理解与体验。

四、将陕西地域文化融入地方高校文学学科的教学

陕西文化系统中有丰富的文学资源，可以为高校文学教育提供丰富的养分。将地域文化资源融入古代文学教学，是大文化背景下多元化教学的需求，也是服务于陕北文化发展的需要。

(一)地域文化融入古代文学教学的必要性

中国古代文学是高校汉语言文学专业的一门核心课程，在整个人文学科领域都居于十分重要的位置。然而，近年来随着知识经济的发展和受社会功利主义的冲击，中国古代文学在高等教育改革中面临诸多困境，例如：侧重知识教育，淡化素质培养；教学方法陈旧，技能训练不够；教学内容与社会时代脱节，学生对古代文学的疏离感明显增强；古代文学传承中国传统文化的功能没有得到充分发挥……归根结底，“在于课程教学的内生力培育、发掘不够”。“地域文化是特定时代、特定地域人群在长期的生产生活中创造的物质财富和精神财富的总和，它反映了不同地区的人文风貌特色，也是一种值得利用的教学资源。”因此，将地域文化融入古代文学教学中，利用地域文化资源，优化教学内容，探索具有可操作性的教学模式，不失为一种新的尝试，且十分必要。一方面，这样做可以丰富古代文学的教学内容，深化古代文学的课程体系改革，加强古代文学与当代社会的联系，而利用地域文化资源开展的实践教学也能促进教学模式多样化，有助于提高学生的综合能力。另一方面，学生在增长知识、锻炼能力的同时，又能培养他们对本土文化的认同感，使他们自觉地投身于本土文化的保护与宣传事业中来，从而推动地方社会的文化建设。

(二)陕北地域文化资源概况

陕北地域文化资源丰富多样，经过甄别挑选、整理汇编，可以将那些典型的、与古代文学教学大纲密切相关的内容融入古代文学教学中，这样既能拓展古代文学的教学内容，又能凸显陕北地域文化的特点。

1. 文学作品

古代的陕北是中原农耕文化和北方草原文化的交叉地带，因其崇尚武力且远离政治文化中心，故罕见陕北本土文人的诗文流传。据现存资料显示，直到清末，才出现了陕北本土诗人——延川籍女诗人李娓娓。但有赖于流寓至此的文人，或因公至此的官员，有关陕北的文学创作也蔚为大观。安史之乱发生后，杜甫因避难和探望家眷，先后两次往来鄜州（今延安富县），创作有《羌村三首》《北征》等诗歌，反映战争带给人民的苦难，表达了自己忧国忧民的博大情怀。中唐诗人李益的足迹踏遍了陕北各地，在赴陕北靖边、定边一带从军时，作有《盐州过胡儿饮马泉》《从军夜次六胡北饮马磨剑石为祝殇辞》等诗，把戍边将士和羁縻州胡人的凄愁乡思表现得淋漓尽致。韦庄寓居鄜州，恰逢寒食节便乘兴郊游，写下了《丙辰年鄜州遇寒食城外醉吟五首》，真实地展现了陕北寒食节的风俗。北宋范仲淹知延州（今陕西延安）时，创作有《渔家傲·秋思》，以慷慨悲凉之语描写了边地恶劣的自然环境，表达了自己抵御外患、报国立功的壮烈情怀。沈括知延州时，创作有《延州》，记载了陕北能源“延川石液”（石油）燃烧时的情形。这些佳作不但艺术性高超，而且极具史料价值，有助于我们了解当时陕北的自然风物和民情风俗。

2. 历史遗迹

延安和榆林是国家历史文化名城，留存有大量的文物古迹。这些文物古迹经历了沧海桑田，见证了时代的变迁，显得格外凝重厚实。陕北地区分布有大量的寺塔和石窟建筑，例如，延安的清凉山，佳县的白云山，富县的开元寺塔、柏山寺塔及福严寺塔，洛川的兴国寺，安塞的千佛寺，榆林的青云寺及无量寺，富县的石泓寺石窟，子长的钟山石窟，黄龙的小寺石窟，黄陵的万安禅院石窟，榆林的悬空寺石窟。这些寺塔和石窟大都始建于唐宋时期，是文化、艺术和宗教交融碰撞的结晶。

3. 民俗风情

由于陕北自古以来是多民族聚居的地方，因此，陕北的民俗风情独具特色，为中华文化增添了无穷魅力。具体而言，陕北的民俗风情呈现出原始朴素、开放多元的特点，这不仅体现在衣食住行、婚丧嫁娶、岁时节庆等生活的方方面面，尤以歌舞曲艺可见一斑。

陕北歌舞曲艺民俗有闹秧歌、打腰鼓、唱民歌、陕北说书等。时至今日，每逢元宵佳节，陕北城乡仍保留着红红火火闹秧歌的民俗。关于陕北秧歌的起源，主要有两种说法，一种认为“秧歌”应为“阳歌”，“来源于人类的太阳崇拜观念”；一种认为秧歌应为“禓歌”，起源于上古人类驱鬼去病的傩祭舞蹈。以上无论哪种看法都可见陕北秧歌与古代文化有着深厚的渊源。

腰鼓是陕北人精神风貌的象征，它产生于古代战场。秦汉时期，腰鼓是戍边将士们不可或缺的武器装备，遇敌突袭时，它是传递信息的工具；两军交战时，它是激励将士的“军号”；战争胜利时，它是奏响凯歌的“号角”。现在，腰鼓是陕北人民欢庆佳节、喜迎丰收的民间舞蹈，但仍保留着古代将士大气豪迈、粗犷奔放的特点，体现出尚武的习俗。西方有的史学家也认为“北方的文明，特别是西北的文明，仍以鲜明的特点向前发展。它具有与众不同的尚武精神色彩，不论汉人或是‘夷狄’，都崇尚武功、喜爱狩猎、喜欢良马和猎犬猎鹰。”

(三)地域文化资源融入高校古代文学教学的路径探索

陕北地域文化资源如此丰富，但如何高效地将地域文化资源与高校古代文学课程有机融合展开教学，是值得我们深思的问题，可从以下几方面着手。

1. 化整为零地有机渗透

长期以来，高校古代文学课程基本上延续传统教法，即以时间为脉络、以文学史为主线，描述文学现象和作家作品，归纳文学发展规律。高校依托地域文化拓展古代文学教学模式，从空间维度给古代文学课程注入新鲜血液方能使其焕发新的活力。这就要求教师必须掌握大量的地域文化资源，以便在课堂上信手拈来。同时，地域文化资源的引入不能打乱古代文学史教学的主线，授课的重点仍然是古代文学发展的基本脉络，地域文化资源只是作为有益的补充点缀其间。如杜甫于安史之乱后，先因北上避难寓居羌村（今延安富县茶坊镇大申号村），又因触怒肃宗被“墨制”放还赴羌村探亲，前后有两次往来鄜州的经历，并有30余首诗歌创作。当讲到杜甫此期的代表作《羌村三首》《塞芦子》等时，可以引入目前杜甫羌村故居的现状、芦子关（今靖边县天赐湾镇）的相关图片与走向变化，以及地方志中关于杜甫鄜州之行的记载。当讲到沈括《延州》诗中关于石油的描写时，可以适当地给学生介绍一下位于延长县的“陆上第一口油井”的开发情况，以及石油这一能源对陕北经济的贡献。这样以文学史发展为脉络，考虑文学的空间问题和地理文化因素，适当关注地域文化知识，能够拉近时空距离，引起学生的学习兴趣。

2. 项目驱动的专题研究

大学阶段，研究型学习方式是高校培养创新型人才的重要手段。但因古代文学课程内容较成体系且知识相对稳定，故往往采用教师灌输较多而学生被动接受的教学模式，导致教学效果不佳，学生探索意识不强。教师如果能够提供适当的方法和思路，古代文学教学定会达到事半功倍的效果。学生平日的精力主要集中在课内知识学习上，对地域文化关注不够，但又因为对地域文化较为亲近熟悉，有一定的知识积累，以此为研究对象容易激发他们的研究兴趣。如若把地域文化资源和毕业论文设计、资政育人项目、大学生创新项目结合起来，以项目任务驱动学生去做专题研究，不但能够使学生获得知识，而且能够提高学生的创新能力和实践能力。在这方面，笔者就曾指导学生完成了《李娓娓诗词研究》的毕业论文，指导学生申报成功并顺利结题《范仲淹陕北诗词研究》的大学生创新项目，取得良好效果。

第四章　地域文化融入地方高校教育的理念和价值取向的构建与路径研究

要对地域文化融入地方高校教育进行改革创新，首先要有一种系统的观念和思路，也就是要将地域文化融入地方高校教育作为一个系统来对待与运行，将之解构为理念与价值取向、主体构建、客体的覆盖完善、项目和内容的拓展与重组、平台和网络的改革与整合、保障与督导的供给完善等要素来进行研究阐释。本章集中研究和阐释地域文化融入地方高校教育的理念和价值取向的构建与路径。

一、理念与价值取向的基本概念和基本理论阐释

（一）理念——一种哲学的话语系统表达

1. 理念的概念

理念是与思想相对的概念，相当于思想导向的说法，可以简单称为一种念头。

2. 理念的特性

一是区域性。任何理念都有自己的局限，也就是说，每一理念都存在着自己固有的适用范围。如“种瓜得瓜，种豆得豆”可以适用多个范围。

二是概括性。理念的形成，是我们对现象之规律已经有了一定的认知。这种认知具有概括的广度和深度。概括性越高，认知的信息内容越丰富。

三是客观性。如果我们要对客观现象的本质或特征有整体性的诠释，就得有其相对应的客观程度。

四是间接性。理念是人类凭借自己的语言形式来对客观现象进行的诠释，是在感觉格式化基础上建立的。

五是逻辑性。诠释现象的信息内容，反映出理念是一种抽象的理论认识，表明理念中陈述的现象遵循着一定的规律、有一定的形式，并按照一定的方法

进行。

六是深刻性。理念是经过人类的思考活动，对信息内容的加工——去粗取精、去伪存真，由此及彼、由表及里，在人类情感格式化里，生成了一种认知过程的突变，产生了观念、概念或法则——抓住了现象的本质，以及整体与内外的联系。

七是灵活性。理念的灵活性是指对语法、概念或语言格式的用法的灵活程度。

（二）价值取向

人类活动有两类追求：一类是真的追求，一类是价值追求。

价值取向是价值哲学的重要范畴，它指的是一定主体基于自己的价值观在面对或处理各种矛盾、冲突、关系时所持的基本价值立场、价值态度以及所表现出来的基本价值取向。价值取向具有实践品格，它的突出作用是决定、支配主体的价值选择，因而对主体自身、主体间关系、其他主体均有重大的影响。价值取向的合理化是进步人类的信念，真善美是其中最重要的价值取向。

1. 详细释义

价值取向指某些价值观成为一定文化所选择的优势观念形态，或为个体所认同并内化为人格结构中的核心部分，具有评价事物、唤起态度、指引和调节行为的定向功能。可将价值取向作为一种社会文化的倾向加以研究，也可把它作为一种人格倾向予以探索。

人们在工作中的各种决策判断和行为都有一定的指导思想和价值前提。管理心理学把价值取向定义为“在多种工作情景中指导人们行动和决策判断的总体信念”。人的价值取向直接影响其工作态度和行为。

2. 五种取向

克拉克洪和斯特罗德贝克在1961年概括出五种各包括三种类型的价值取向：

（1）对人类本性内部特征的概念（坏的、善恶混合的、可变的）；

（2）对人类与自然及超自然关系的概念（人类服从自然、人类与自然和谐相处、人类统治自然）；

（3）人类生命的时间取向（以过去为中心、以现在为中心、以未来为中心）；

（4）对自我性质的看法（强调存在、强调顺其自然、强调行为）；

（5）对人际关系的看法（独处、合作、个人主义）。

他们在研究中通过与不同文化背景下的被试交谈，发现在西方工业文化背景下成长的人们强调自然的主宰地位，以将来为中心，强调行为和个人主义；而在非工业文化背景下生活的人们则强调人类与自然和谐相处，以现在或过去为中心，顺其自然地发展自我，强调与他人合作的关系。

3. 主要特点

一是社会性。人的本质属性是社会性，社会性是人类价值取向的最核心的维度。

二是科学性。价值取向要正确反映社会历史发展的客观规律性。个人在设定自己的人生价值目标时，必须使自己的思想、计划、行动目标符合社会规律或自然规律。

三是可行性。价值取向的主观因素包括自身素质、性格特点、潜力等；价值取向的客观因素包括社会政治制度、经济条件等。

四是超越性。价值取向要充分发挥个人的主观能动性，体现主体的积极开拓进取和拼搏精神。

追求人生价值时不能一味考虑自己的条件、爱好、兴趣，个体定位过程并不是一次完成的，而是一个运动的过程。定位的起点、具体目标不同，实践结果的层次、程度、境界也有区别。

4. 主要类型

人们生活在社会之中，家庭、朋友、老师、群体乃至组织等都会影响每个人的价值取向。人的价值取向是在生活和工作环境中学习和经历的产物，因此会有很大差别。

关于价值取向，有许多分类方式。比较有影响的是心理学家罗克奇，他把价值取向分为两大类：终极价值和工具价值。终极价值指的是反映人们有关最终想要达到目标的信念；工具价值则反映了人们对实现既定目标所采用的手段的看法。罗克奇在其名著《人类价值观的本质》中，提出了终极价值和工具价值的各 18 个成分。心理学家阿尔波特提出有关价值取向的另一种分类方式，他把价值取向分为 6 类：理论取向、经济取向、审美取向、社会取向、政治取向和宗教取向。

二、加强地域文化融入地方高校教育的理念与价值取向的重构路径研究

地域文化融入地方高校教育的改革创新，首先需要对教育理念和价值取向的重构和完善。针对当下这项工程中的教育理念和价值取向不完善的问题，在推动地域文化融入地方高校教育过程中，应该构建和融入以下理念和价值取向。

(一)以人民为中心理念下的学生为本、社区群众发展为本

1. 坚持协同育人

课程的设置是围绕人才培养目标，通过科学论证，具有选择与优化设计特点，从而具有制度性规约的教育实践行为。从大的方面说，具体的人才培养方案，是高校执行党的教育方针与教育政策制度、目标任务，同时依照教育发展规律与动态、立足自身定位与特色而科学制定的。课程的设置是这个系统育人工程中有机的组成部分。也就是说，课程设置本身隐含着构建了“同心同德”“目标趋同”的教育共同体，这个共同体的基本职责就是以学生为中心，通过协同努力与实践完成人才培养的目标与任务。协同育人，体现在教师对于执行教育方针之自觉、教育责任担当之奉献、教育思想与观念形成共识等诸多方面。在一定程度上，这不是简单个人行为的选择问题，而是尊崇制度性规约的问题。其中，在“育人”的问题上，协同育人不仅是所有课程教学都需要关注和解决的共性问题，也是具体课程教学需要高度重视的问题。课程思政将会进一步通过制度性管理，促进协同育人体制机制建设，推进协同育人过程的管理与实效；同时将进一步明确课程建设中的目标与任务，成为一流课程教学的重要目标之一。

2. 坚持育人渗透

与思政课程不同，很多课程教学的育人功能体现在其渗透性上，不是超越学科、专业、课程的特性而过度“思政化”，而是关注到每一门课程所蕴含的丰富的思政素材和德育资源。要开阔视野、转化观念，充分提炼出专业课程中蕴含的文化元素、价值范式与精神矿藏，并将其渗透到课程目标、课程结构、课程内容、课程实施、课程评价及课程管理之中，从而将课程实施转化为培育和践行社会主义核心价值观的有效教学载体，在“润物细无声”的知识传授中融入理想信念层面的精神指引。

3. 坚持师范示范

推进一流课程教学亟待建立一批“一流”教师队伍。在学生眼中，什么样的教师是值得尊重、值得学习的，同时又具有影响力，是教师自我反思、自律自修的基本立场。古人对“师”的界定是“道之所存，师之所存”。“学高为师，身正为范”也是对教师“学”与“德”提出的具体明确要求。之所以要提出这样的要求，是因为教师这一职业有其特殊性。一方面教师具有“先行”的示范作用，另一方面学生具有天然的“向师性”，教师是什么样的人，学生就可能成为什么样的人；教师赋予学生什么，学生就可能接受什么。所以，除了传道授业

解惑外，教师的主体性自身具有强大的表率性、模范性、示范性与感染性。教师的主体性表现在“言传”“身教”两个方面，这两个方面其实是融为一体的。尤为重要的是，教师的理想与道德情操、职业道德素养、为人处世的做法与表现、治学的情感、思想与方法甚至是包括其生活审美倾向，都体现在教师的一言一行、一举一动之中，都直接或者潜移默化地对学生产生深刻影响。教育的实践证明，很多教师给予学生人生影响的重要方面，并不局限于知识、专业与技能等层面，而是对于教师作为师表的“人”的生动记忆。以人影响人，才是一个教师最大的教育智慧与教学境界。

(二)“五大发展新理念”下的创新、协调、绿色、开放、共享的教育思想的构建

1. 五大发展新理念的简介

五大发展新理念是指创新、协调、绿色、开放、共享的发展理念。它是实现我国“十三五”既定发展目标、破解发展难题、厚植发展优势的理论指南，是“十三五”乃至更长时期我国发展思路、发展方向、发展着力点的集中体现。

创新是引领发展的第一动力。必须把创新摆在国家发展全局的核心位置，实施创新发展驱动战略，让创新贯穿党和国家一切工作，让创新在全社会蔚然成风。

协调是持续健康发展的内在要求。重点促进城乡区域协调发展，促进经济社会协调发展，在增强国家硬实力的同时注重提升国家软实力，不断增强发展整体性。

绿色是永续发展的必要条件和人民对美好生活追求的重要体现。必须坚持节约资源和保护环境的基本国策，坚持可持续发展，加快建设资源节约型、环境友好型社会，人与自然和谐发展，推进美丽中国建设，为全球生态安全做出新贡献。

开放是国家繁荣发展的必由之路。必须坚持对外开放的基本国策，奉行互利共赢的开放战略，构建广泛的利益共同体。

共享是中国特色社会主义的本质要求。必须坚持创新发展、协调发展、绿色发展、开放发展、共享发展，增进人民团结，朝着共同富裕方向稳步前进。

2. 高校教育践行五大发展新理念

五大发展新理念给高校教育的高质量发展带来不同的启示，也影响其不同的发展走向。

一是坚持创新理念，激发高校发展内生动力。创新是未来发展的第一推动力。当下，高校要全力对接国家提出的“一带一路”倡议、“互联网+”“大众创业、万众创新”等重大战略需求，以创新精神来考虑自身的发展，消除制约学校事业发展的思想观念、体制机制、培养方式及制度文化的障碍。做法有：第一，要创新办学理念，根植以人为本的思想观念，尊重人的主体地位，强化服务意识，关注师生的健康发展。第二，创新内部管理体制机制，通过建立健全“党委领导、校长负责、教授治学、依法治校、民主管理”的内部治理结构，进一步理顺校系两级关系，实现学校内部的“管办评”分离，推进学校治理能力和治理体系现代化。第三，创新人才培养模式，以深化内涵发展为核心，推进教育教学改革，从办学理念与定位、专业设置与调整、教学方法与手段、课程体系构建、质量监控与评价等方面进行改革与创新，加快构建持续改进、持续优化、持续提升的人才培养质量保障体系。第四，推动文化传承创新，着眼于培养未来师表，传承“以德育人、以文化人”的优良传统，以打造优良校风、教风、学风为重点，以富有专业特色的文体活动为载体，以优化美化校园环境为抓手，按照构建“一个体系”（文化艺术实践体系）、注重“两个结合”（与专业、育人相结合）、夯实“三层基础”（硬件、师资、氛围）的整体思路，大力加强校园文化建设，致力于发挥校园文化的“三全育人”（全员育人、全程育人、全方位育人）特色功能。

二是坚持协调发展，优化高校内部治理体系。第一，协调学校办学与社会需求的关系。坚持需求导向，推进校政行企社“五方”协同育人，优化调整专业结构布局。第二，协调教科研关系。要主动落实教学中心地位，坚持以人才培养为根本任务，整体推进高校科学研究、社会服务、文化传承创新和对外交流合作的有序安排、科学发展。第三，协调师资队伍关系。要加强师资队伍建设规划，稳步推进人事制度改革，坚持效率优先、兼顾公平的原则，畅通教师职业发展通道，激活办学活力，提升师资队伍整体水平。第四，协调行政与学术关系。要坚持以学校章程作为依法自主办学、实施管理和履行公共职能的基本准则和依据，按照建设中国特色现代大学制度的要求，完善党委会、校长办公会、学术委员会等决策机构的工作职责、权限分工、议事范围和决策程序。第五，协调学校与系部关系。要强化学校及各职能部门的服务意识和统筹职能，加强校系两级综合改革，推进管理重心下移，逐步下放人事和财务等权限，完善风险点监督防范机制，提升内部治理现代化水平。

三是坚持绿色发展，提升高校内涵发展质量。发展绿色教育，其核心是要建设“美丽校园”，培养“美丽中国人”，即注重学校、学生的可持续发展，追求人本教育。第一，转变发展模式，推进学校发展从外延拓展向内涵建设转变、多元发展向集约突破转变、同质倾向向特色凸显转变，集聚学校的人才、设备、平台、资金、场所等各类资源，破解同质化人才培养弊端，实现学校特色发展。第二，构建绿色校园教育生态，将绿色理念融入大学校园文化建设中，厚植人文环境，涵养人文情怀，提升办学品质。第三，落实节约型、环保型管理理念，建设低碳校园，提升校园的数字化、信息化水平，建设“智慧校园”；以精简高效、便于服务为原则，厉行中央八项规定，缩减全校三公支出，实现人财物合理利用和资源优化共享。

四是坚持开放发展，拓宽资源整合渠道。高校要加大开放办学力度，集聚优势资源，增强办学实力。第一，打破内部壁垒，改革传统运行模式，推动学校内部的师资、平台、项目等各类资源共建共享，激发内生活力。第二，加大社会开放度，以开放的思维集聚社会资源，完善校政行企社“五位一体”协同育人机制，促进知识成果转换，实现产学研训一体化，提升社会服务能力。第三，服务国家战略，主动承担更多的国家使命，积极履行公共职能，服务国家发展战略，提升社会影响力和话语权。第四，坚持内培外引，加大力度引进高层次人才和社会优秀资源，增加外出学习进修机会，拓展师生视野，提升人才培养层次与水平。

五是坚持共享理念，凸显持续发展普惠价值。共享是中国特色社会主义的本质要求，高校要以共享发展推动优质教育资源共建共享，打造发展命运共同体。第一，搭建共享平台，充分运用“慕课”等网络平台和先进技术，用“互联网+”思维建设教学资源库，实施线上线下互动融合式教学，实现名师、名课、名教材的广泛共享。第二，增强师生对共享发展的认知认同，注重舆论引导，宣传发展愿景，强化责任担当，畅通沟通渠道，提供师生公平共享共建的机会。第三，积极关注师生员工切身期盼，注重人文关怀，解决教职员工实际困难；完善绩效改革方案，提升教职工幸福感与满意度；提高家庭经济困难学生资助工作的实效性，创建和谐校园环境，确保家庭困难学生安心求学深造。第四，实施精准扶贫，主动对接国家战略和社会需求；在教育精准扶贫上有所作为，将改革发展成果最大限度地推向社会，普惠大众。

3. 地域文化融入地方高校教育应构建立足五大发展新理念的教育思想

五大发展新理念是当代中国治国理政的新理念，在这个时代大背景下，任何一个行业都应该坚持这五个发展新理念。作为教育重要模式和工程，地域文化融入地方高校教育也应该立足五大新理念，解决发展的五大短板问题，构建起创新、协调、绿色、开放、共享的教育思想。

一是以创新发展激发教育活力。创新是引领发展的第一动力。今后将地域文化融入地方高校教育中时，要把学生全面发展、成长成才作为教育工作的出发点和落脚点。教育教学过程中做好“四要”：一要保护学生的好奇心，培养其打破砂锅问到底的精神；二要尊重学生的差异性，帮助他们发现自己的特长和优势；三要帮助学生树立自信心，充分鼓励学生向未知的世界挑战，向自己的潜能挑战；四要培养学生永不言败、永不放弃的精神。

敢于谋变出新，促进创新发展。一要培育高效课堂。切实改变单一灌输式教学模式，创设生本课堂。课堂全程以学生为本，依学定教，鼓励学生积极参与、独立思考、自由表达、愉快合作，形成生生互动、师生互动、教师主导、学生主动的高效课堂生态。二要抓好特色学校建设。特色学校不求大而全，而是求精求实。要善于凝练办学思想，并在校训、校风、教风与学风中真实体现；要善于整合校内外、历史的、现实的教育资源，为我所用，形成特色；要善于寻找支撑学校特色的项目与特色课程，并形成符合学校办学思想的教育效果。

二是以开放发展拓展教育资源和教育对象。教育开放是指资源、知识、技术、信息、人才、资本等教育要素的自由流动与共享。在推动地域文化融入地方高校教育中时，要注意高校要保持开放的态势，对地域文化开放、对地方群众开放、对学生开放，这样才能获得源源不断的新鲜血液。

三是以协调发展推进全面进步。在地域文化融入地方高校教育中时，要坚持地域文化与高校各个学科教育之间的协调、陕西地方相关部门与高校之间的协调、各教师之间的协调。

四是以绿色发展引领持续发展。在地域文化融入地方高校教育中时，要立足长远，从长计划，坚持可持续运行的思路，这样才能有一个好的长期效果。

五是以共享发展促进教育公平。在地域文化融入地方高校教育中时，要立足重新建构的教育资源和已有的教育资源都能与地方党委、政府和群众共享，与各个学科教育共享、与所有学生共享。

（三）组织社会学视角下讲效率、科学化、制度化和社会化的教育思想的构建

将地域文化融入地方高校教育这个教育工程，作为高校这个教育组织的重要工作来推动，可以借鉴组织社会学提出的三大效率机制——经济上的效率机制、社会学上的合法性机制和社会网络机制。从教育思想的构建上说，地域文化融入

地方高校教育应该坚持经济效益的教育思想、科学教育的教育思想、制度化的教育思想、社会化的教育思想。

一是要树立经济效益的教育思想。地域文化融入地方高校教育，要计算各类成本和收益，力求降低成本。

二是树立科学化的教育思想和制度化的教育思想。严格遵循地方社会发展的规律、教育规律、学生成长规律、地域文化发展的规律，推动地域文化融入地方高校教育科学化发展。遵循相关制度，构建好地域文化融入地方高校教育的相关规则体系，以此推动地域文化融入地方高校教育实现制度化运行。

三是坚持社会化的教育思想。积极与社会组织、社会大众、企业、地方党委和政府建立长期合作关系网络，以此为地域文化融入地方高校教育提供尽可能多的机遇机会。

(四)五育并举和人的全面发展视角下的复合型教育思想的构建

1. 五育并举融合思想的简介

对五育并举的研究主要是以研究“五育融合”等为主而展开的，对于这方面的理论，学术界也进行了一些探讨。

(1)“五育融合”的概念界定

就政策话语而言，“五育融合”理念是在发展过程中逐渐完善的，主要体现在我国各个时期育人理念和政策的沿革中。人的全面发展作为我国教育的长期目标，受到了党和国家领导人的高度重视。毛泽东同志于 1957 年提出：“我们的教育方针，应该使受教育者在德育、智育、体育等方面都得到发展。”德、智、体“三育并举”育人理念的提出为人的全面发展提供了内涵思考。邓小平同志于 1985 年提出：“教育全国人民做到有理想、有道德、有文化、有纪律。”“四有”新人的提出丰富了人的全面发展的内涵。江泽民同志则主张“努力造就有理想、有道德、有文化、有纪律的，德育、智育、体育、美育等全面发展的社会主义事业建设者和接班人”，将美育纳入人的全面发展要求中，形成德、智、体、美“四育并举”的育人理念。胡锦涛同志在党的十七大报告中强调：“要全面贯彻党的教育方针，坚持育人为本、德育为先，实施素质教育，提高教育现代化水平，培养德智体美全面发展的社会主义建设者和接班人，办好人民满意的教育。”2010 年，《国家中长期教育改革和发展规划纲要（2010—2020)》规定，“促进德育、智育、体育、美育有机融合，提高学生综合素质”，在教育发展规划中开始注重各育融合发展。2018 年，习近平总书记说：“我国社会主义教育就是要培养德智体美劳全面发展的社会主义建设者和接班人。”将劳动教育纳入“人的全面发展”之教育目标的素质规格范畴内，加速了“五育融合”理念的形成，有利于推动我国全面素质教育的实施。2019年，《中国教育现代化2035》规定“更加注重学生全面发展，大力发展素质教育，促进德育、智育、体育、美育和劳动教育的有机融合”，这一规定促使“五育融合”育人理念的最终形成，要求学校教育切实贯彻“五育融合”理念，促进人的全面发展。总之，“五育融合”理念是对“三育并举”“四育并举”和“五育并举”育人理念的提升，是对相关政策话语的理论升华，是培养学生对“五育”的积极探索，最终指向实现人的全面发展之教育目标。

(2)“五育融合”的理论基础探析

教育活动的对象是人，要探寻如何实现“五育融合”，就必须立足于人。一方面，“五育融合”的提出反映了教育工作者对教育现状的反思和对促进教育发展的诉求；另一方面，“五育融合”的提出亦是基于深厚的理论基础。

“人的全面发展”观：“五育融合”的基础。19世纪，资本主义社会普遍存在“人的异化”问题，人并没有真正得到解放。“人的全面发展”学说就是在此背景之下提出的，它是马克思主义思想的重要内容，致力于促进人的自由、解放与全面发展。我国学者在研究过程中对马克思主义思想关于“人的全面发展”学说进行了深入的探究，并解释、拓展了其思想内涵。吴向东阐释了人的全面发展之内涵，强调“人的素质的全面提高和个性的自由发展”，既要求人的生理素质、心理素质、思想道德素质和科学文化素质等方面的提高与完善，又注重人的主体性和独特性的发展。雍涛在理解马克思主义思想的基础上，对“人的全面发展”学说做了进一步的阐释，即关注人在物质和精神方面的整体全面发展，尤其要注重人的能力的全面发展，包括体力、智力、自然力、社会能力、现实能力、潜力等。“人的全面发展”是一种内在需求，从片面到全面；发展的层次由低层次需求逐渐走向高层次需求，要求人在道德、智力、体力、心理素质等方面都得到充分发展。我国教育充分吸收马克思主义关于“人的全面发展”学说，并在实践中逐步丰富“人的全面发展”学说的思想内涵，将学生德智体美劳的全面发展囊括在内，组合成一个系统性概念，描述人的总体发展状况，即将全面发展的人看作完整的人，要求身体与精神的合一，要求认知、情感和意志协同发展，要求德智体美劳全面发展。“五育融合”理念的本质是追求人的全面与整体发展，它是植根于马克思主义关于“人的全面发展”学说土壤中的有根之“树”。

西蒙斯的联通主义是“五育融合”的本质。“联通主义”由乔治·西蒙斯提出，他认为“我们对生活的体验是综合性的——我们在联通过程中观察、知晓和行使职责”。联通主义理论强调网络是诸多节点的聚合，每个节点在动态网络中都有能力以自己的方式运作。“五育”是人的特性的五个重要方面，具有整体性；各育均是连接人整体发展的关键节点，缺一不可，以独有方式占据重要一环并影响人的成长。各育又相互联系，围绕人的全面发展形成动态网络，推动人的进步，帮助人形成综合性的体验。因此，学生的发展并非各育孤立实现，而是有机地统一发展。联通主义认为“从大小和范围来说，网络具有适应性、易流动性和可定制性。层级往往是强加给某事物的一种结构，而网络则反映了该事物的本来结构”。“五育”在发展过程中并不是按照重要性进行排名的层级结构，它们是环环相扣的，不分高低轻重，在人的发展过程中共同发力，帮助我们适应复杂环境，进行科学决策和行动。“在实际上，我们对任何事物的采纳或使用都要求具有关联性。如果某些事物不相关，就不使用它”。“五育”之间的关联性具体表现为：德育是各育的灵魂，贯穿始终；智育提供知识与智力；体育提供良好的体格准备；美育提供精神力量助推各育；劳育是综合实践运用与成果的检验。所以，培养学生“五育”的过程往往彼此关联，牵一发而动全身。

卡西尔的人学思想是“五育融合”的关键。卡西尔在其著作《人论》一书中创立了符号哲学思想，并以此诠释人的本质。他认为人是符号化的动物，具有丰富性、多面性的特点，“五育”正是这种多面性的具体体现。在成长过程中，人会整体表现出德智体美劳五方面的素质，即“五育”是对个体成长的整体表述，分别指向人的道德面、智力面、体力面、审美面、劳动面，是“五育”的整合而非“五育”的割裂。卡西尔运用符号与信号的区别来论述人与动物的差异。信号是物理或实体性的存在，而符号却具有功能性的价值，是人类意义世界的一部分，动物只能对“信号”做出条件反射，而人却具有符号化的思维和行为，可以利用“符号”创造文化。因此，卡西尔的人学思想包含人、符号与文化三个关键概念，形成“人－符号－文化”体系。将“人－符号－文化”体系置入学校教育教学过程中，这一过程蕴含着“文化－符号－学科”这一体系，文化通过符号的形象转化为具体学科，在具体学科的教学过程中又孕育出另一体系，即“学科－符号－人”。教师以学科教学为基础，将学科中蕴含的文化，通过特殊的学科符号传递给学生，引导学生逐步理解学科符号的内在意义，深刻理解学科符号背后的思想观念精髓，从而达到“育人”的根本目的。

(3)“五育融合”的实践路径求索

目前学者已提出了“五育融合”的诸多实践路径，例如通过构建新的教育体系、基于“五育融合”的课程设计、进行教学评价改革以实现“五育融合”等。但在学校教育中，学科教学是育人的主要方式，“五育融合”理念若要落实到教育教学实践中，则需要依托学科教学，但既往研究或忽视或未能全面考虑这一点。因此，这里以学科教学作为媒介，提出以下实施路径，以期将“五育融合”理念落实到学科教学实践中，从而实现“育人”的根本目标。

一是把握“五育”关系，确定学科教学目标。理解“五育融合”的理念，把握“五育”之间的关系，是实现“五育融合”的第一步。在具体教学过程中，教师需要在此基础上结合具体学科内容确定合适的教学目标。现实情况是“五育”之间存在着“摇摆”关系，重心在智育、德育之间摇摆，而对体育、美育、劳动教育则存在一定程度上的忽视。随着近年来各育的重要性被重新提及，并在政策上得到保障，“五育融合”理念的实现出现了新的契机。事实上，德育、智育、体育、美育与劳动教育对人的全面发展各司其职，缺一不可。因此，教师在学科教学过程中应坚持“五育融合”的育人理念，准确把握“五育”关系，树立正确的育人目标，开展全员、全方位、全过程的育人活动，始终将“人的全面发展”放在首位。具体来说，教师在确定学科教学目标时不仅需要对课程标准、教材内容、学生学情进行分析，还需要分析如何将“五育”整体贯穿于学科教学中。例如，在进行体育学科教学时，教学目标的设定不仅要培养学生运动能力与技巧（体育），还要引导学生掌握运动基本原理与知识（智育）；欣赏形体美、体育活动美（美育）；掌握团体精神、拼搏精神（德育）；坚持体育运动，并将所掌握的体育知识、能力以及价值观念等运用到实际生活中（劳动教育）等。教学成功与否取决于教学目标的设定，“五育”能否贯彻于教学过程同样依赖教学目标是否合理。如果各科教师都能在准确把握所教学科的基础上将“五育融合”理念与教学目标紧密结合，那么在教学实施过程中自然能够真正体现“五育融合”，促进学生的全面整体发展。

二是分析学科符号，“统整”学科教学内容。“本此五主义而分配于各教科，则视各教科性质之不同，而各主义所占之分数，亦随之而异。国语国文之形式，其依准文法者属于实利，而依准美词学者，属于美感。其内容则军国民主义当占其百分之十，实利主义当占其四十，德育当占其二十，美育当占其二十五，而世界观则占其五。”这是蔡元培先生在《对教育方针之意见》中的观点。虽然蔡元培先生主张的“五育”与今天的“五育”在概念上存在差别，但他同样认可各门学科都蕴含丰富的“五育”价值要素。学科教学作为学校重要的教育方式，教师在教学过程中将蕴含丰富“五育”价值要素的学科符号教授给学生，贯彻

“五育融合”理念，促进学生“五育”的发展，这种“融合”不是自然而然发生的，需要教师对各门学科的学科符号进行分析，并在教学过程中“统整”学科教学内容。每门学科都具有独特的学科符号，它们所承载的文化不同，所以蕴含的“五育”价值要素并不是均等的。任何一门学科都同时承载着“五育”内容，教师需要把握学科背后所蕴藏的价值精髓，利用学科的重点价值偏向去培养学生，并在教学过程中“统整”学科教学内容，综合考虑每一门学科的教学，防止在某门学科教学中忽视其他各育。例如，针对语文学科教学，其内容重点涉及智育、美育等，教师可利用语文学科重点培养学生对字、词、句、文的掌握与欣赏，突出学科的重点价值偏向；同时要分析语文学科符号，整体把握学科教学内容，将语文教学中可能忽视的体育、劳动教育等内容“统整”起来。其实语文学科也能够帮助学生提升体育能力，如教师可以通过特定的专题帮助学生理解体育运动项目的原理与机制、了解运动项目的发展历史与故事、学习运动健儿的精神等，通过语文学科教学还可以激发学生参与体育活动的兴趣。与体育学科的动态教学相比，语文教学是一种静态的教学过程。总之，如果教师忽视分析学科符号，可能难以整体把握学科价值，无法“统整”学科教学内容，那么在教学过程中贯彻“五育融合”理念也只能是“空谈”。

三是把握学科间的关联，形成学科教学网络。学科教学要想贯彻“五育融合”理念，就要把握学科间的关联。每一门学科蕴含的“五育”价值要素并不相同，因此各门学科的教学过程都非常重要，需要相互配合，形成学科教学网络。在教学过程中，教师既要注意各门学科的独特性，又要把握学科间的关联。学科是人为划分的，但是它们仍然具有共性，也存在着有机联系和相互贯通的契合点，那便是共同服务于“育人”这一终极目标。只有各门学科相互配合，各科教师相互合作，才有可能促进学生“五育”的整体发展。教师需要重视学校教育中的每门学科，绝不能只关注自己所教的学科。“五育”不能作为对学校教学工作分类的依据，更不能作为学科教师职责分工的依据，各科教师仍然需要相互合作，因为在教学工作中每一科教师都承担着全方位育人的任务，而不是某一项单一任务。实际上，复杂性是现代教育的显著特点，育人任务不可能由某一位教师独立完成，各科教师必然需要分工合作，但即使分工合作，也并不意味着是对“五育”的肢解、对“人的全面发展”的漠视，而是为了完成促进学生德、智、体、美、劳全面发展的任务所采取的不同教学手段的分工合作。各科教师在自己的教学过程中不能只专注于完成所教学科的教学任务，而是应该关注学科间的关联，精心设计教学方案，将“育人”目标贯穿于教学全过程；同时还要认识到所教学科缺乏的价值要素，积极与其他学科教师合作，形成学科教学网络，在教学过程中协同促进“五育融合”的实现。

2. 地域文化融入地方高校教育要坚持“五育”并举融合的教育思想

地域文化融入地方高校教育要坚持“五育”并举融合的理念，在构建内容和项目时，要注意挖掘地域文化体系中的五大教育资源，以此融入高校的五大教育之中。

（五）“三全育人”视角下的协同育人思想的构建

1. “三全育人”的简介

“三全育人”即全员育人、全程育人、全方位育人，是中共中央、国务院《关于加强和改进新形势下高校思想政治工作的意见》提出的坚持全员、全程、全方位育人的要求。

“三全育人”综合改革工作的总体目标，是以习近平新时代中国特色社会主义思想为指导，坚持和加强党对高校的全面领导，紧紧围绕立德树人根本任务，充分发挥中国特色社会主义教育的育人优势，以理想信念教育为核心，以社会主义核心价值观为引领，以全面提高人才培养能力为关键，切实提高工作亲和力和针对性，强化基础、突出重点、建立规范、落实责任，一体化构建内容完善、标准健全、运行科学、保障有力、成效显著的高校思想政治工作体系，使思想政治工作体系贯通学科体系、教学体系、教材体系、管理体系，形成全员、全过程、全方位的育人格局。

“三全育人”综合改革既是对当下育人项目、载体、资源的整合，更是对长远育人格局、体系、标准的重新构建。做好试点工作，不仅要巩固优势、扩大影响，更要破立并举、善于创新。通过改革试点，构建一体化育人体系，为办好中国特色社会主义大学、培养德智体美劳全面发展的社会主义建设者和接班人贡献力量。

2. “三全育人”下地域文化融入地方高校教育的协同教育思想构建

在推动地域文化融入地方高校教育的过程中，要坚持全员、全程、全方位育人的教育思想，这个思想的核心就是要注重各方面的协调育人思想的坚持和融入。一是时间上要协同育人，注重对大学生从大一到大四学段之间的协同；二是注重各个教育阵地、渠道的协同育人，积极整合发力；三是教师之间要协同育人，共同努力建课。

第五章　地域文化融入地方高校教育的内涵建设路径研究

除了完善和构建融入理念外，地域文化融入地方高校教育的另一个关键就是提升融入的内涵，内涵决定融入品质和质量。本章将具体研究地域文化融入地方高校教育的内涵建设问题，主要从重要性和完善的路径两个方面开展研究和阐释。

一、内涵和高等教育的内涵式发展

（一）内涵的基本概念

内涵，一指一个概念所反映的事物的本质属性的总和，也就是概念的内禀；二指内在的涵养。内涵是一种抽象的但绝对存在的，是某个人对一个人或某件事的一种认知感觉。内涵不一定是广义的，也可是局限在某一特定人对某个人或某件事的看法。它的形式有很多，但从广泛来讲是一种可给人内在美感的概念。人的感知能力有差异，且内涵不是表面上的东西，而是内在的，隐藏在事物深处的东西，故需要探索、挖掘才可以看到。

1. 内涵的解释

一是一个概念所反映的事物的本质属性的总和，也就是概念的内在内容。柯灵的《香雪海・给人物以生命》言："英雄人物会有某些共同的品质，例如行动的勇敢，信仰的坚定和单纯。但这些简单的概念依然包含着无限丰富的内涵，包含着个性的汪洋大海。"例如："人"这个概念的内涵是能制造工具并使用工具进行劳动的动物。

二是内在的涵养。柳青的《创业史》第二部第十一章言："在苦难中长大的梁生宝是个内涵很深厚的人，这小伙的才能和德行是轻易不外露的。"在"梁生宝是个内涵很深厚的人"中，内涵指人的内在涵养或素质。内容上有物件里面所包容的东西，事物内部所含的实质或意义，是个哲学名词，指事物内在因素的总和。例如“生物”这一概念的内涵就是：自然界中有生命的物体。事物的特有属性是客观存在的，它本身并不是内涵；只有当它反映到概念之中成为思想内容时，才是内涵。

“有内涵”被频繁地当作一种称赞，但“内涵”其实是个中性词，是一个模糊的概念。它既是个性的特征内容又是一种个性色彩，与气质颇为相似，一般通过人的社会交往才能显示出来。

2. 内涵与内含的区别

内涵是一个名词，使用时多用来说明文章或者艺术品富含的哲理。内含，是一个介词，是“里面有”，内心所具有的意思；内部包含的；内容；犹含蓄。

(二)高等教育“内涵式发展”的历史和主要内涵

高等教育的内涵，主要集中在其内涵式发展的相关问题研究上，这些相关问题包括其概念、构成和功能。

1. 高等教育“内涵式发展”的政策演变历史

作为我国高等教育领域内的一个本土性政策概念，“内涵式发展”经历了一个历史发展过程。这一概念最早是以推动高等教育内部各因素的“内涵发展”表述为起点，后来逐渐扩充为“内涵式发展”，并在政策文本中交替出现。同时，高等教育“内涵发展”与“内涵式发展”在不同时期出现在政策文件中的频次各不相同，对高等教育发展的要求也不相同。总体而言，这一高等教育政策概念经历了三个时期的演变与发展。

(1)“内涵式发展”在高等教育政策中的初步提出以及探索发展时期

从 20 世纪 90 年代初到 1999 年前后的这一时期，高等教育发展的政策文件中尚未提出“内涵式发展”的概念，但是提出我国高等教育要走以“内涵发展”为主的道路，发展重点集中关注高校内部的各要素，这一时期可称为“内涵式发展”在高等教育政策中初步提出及探索发展的时期。

20 世纪 90 年代后，我国的社会主义现代化建设事业迈入了一个新的发展阶段。从高等教育发展来看，随着 20 世纪 80 年代中期教育体制改革的不断推进，我国高等教育有了一定程度的发展，普通高校数量增长迅速。与此同时，由于高校数量增长过快导致的办学条件不达标准、办学质量低下等一系列问题，我国高等教育的发展不能完全满足市场经济迅速发展对人才的渴求，与国际一流高等教育的发展水平亦存有一定的差距。因此，为促进高等教育能够适应国内外社会经济的发展，党中央从 1988 年开始在高等教育领域开展充实整顿工作，全国普通高校数量保持基本稳定并不断减少。从20世纪90年代开始，根据我国经济社会发展及高等教育发展面临的国内外发展新形势，党中央提出我国高等教育要走以“内涵发展”为主的道路。

1993年初，国务院在批转原国家教育委员会关于改革和发展普通高等教育的文件中首次提出了“内涵式发展”的概念，“高等教育的发展，要坚持走内涵发展为主的道路，首先使现有学校达到合理的办学规模，同时进一步发挥学校的办学潜力，提高整体效益”。这一政策文件还对高等教育的管理体制，高校内部各机构的改革、教学的改革、教师队伍的建设等方面提出了一系列具体举措，明确指出高等教育的目标是体系建设，“通过改革达到：规模有较大发展，结构更加合理，质量上一个台阶，效益有明显提高，到20世纪末，初步建立起有中国特色的社会主义高等教育体系”。同年，中共中央、国务院印发了《中国教育改革和发展纲要》，强调“90年代，高等教育要适应加快改革开放和现代化建设的需要，积极探索发展的新路子，使规模有较大发展，结构更加合理，质量和效益明显提高。高等教育的发展，要坚持走内涵发展为主的道路，努力提高办学效益”。该文件进一步指出要根据不同地区、不同类型的学校确定不同的发展目标。这两项政策文件的出台，决定了20世纪90年代我国高等教育发展的整体方向，即在推动高校规模、数量等外延方面发展的同时，将重心逐渐转向推动学校内部各要素的发展。此后，国务院于1994年颁布《关于〈中国教育改革和发展纲要〉的实施意见》，原国家教育委员会于1996年印发的《全国教育事业“九五”计划和2010年发展规划》，均明确提出高等教育要走以内涵发展为主的道路，在推动高校规模适当的同时，注重高校内部结构的调整，以提高质量和效益。尤其是在《全国教育事业“九五”计划和2010年发展规划》中提出，以“共建”“联合办学”的形式发展高等教育，推动高校改变单一的隶属关系，推动部分高校实行合并发展。此项政策有利于增强高校发展的活力，稳定数量并扩大现有高校的规模。教育部在1998年制定的《面向21世纪教育振兴行动计划》中指出高等教育要“继续实行‘共建、调整、合作、合并’的方针”。这一政策的进一步推行实施，推动了高校布局的调整与优化。

通过对以上政策文件中相关规定的分析可知，此阶段高等教育领域提出要走以内涵发展为主的道路，主要是针对学校及其内部各部门的改革。

第一，以稳定高校数量为基础。经过改革，在20世纪90年代，高校的数量基本保持稳定。

第二，以调整高校的结构为着力点，通过管理体制及内部人事、组织、后勤等方面的改革，高校的管理体制更加科学化与规范化，高校的发展活力也逐渐增强。

第三，以适度扩大高校规模、优化高校布局为主要举措。这一时期通过“共建”“联合办学”等重要举措，有力扩大了学校的规模。

同时，明确了对不同层级、不同类型高校的定位，有助于推动高校的特色发展。

(2)“内涵式发展”在高等教育政策中的十年“失语”期

20世纪90年代，高等教育在以“内涵发展”为主的政策的指导下基本处于稳步前进的状态。但是从20世纪90年代末期以后，“内涵式发展”逐渐在高等教育发展的相关政策中处于“失语”状态，使扩增高校的数量和规模成为高等教育发展的重点。

(3)“内涵式发展”逐渐被确立为高等教育发展的核心理念

2012年教育部印发的《关于全面提高高等教育质量的若干意见》中指出，全面提高高等教育质量首要是“坚持内涵式发展。……走以质量提升为核心的内涵式发展道路”。该文件首次提出我国高等教育要“走以质量提升为核心的内涵式发展道路”。党的十九大报告指出：“加快一流大学和一流学科建设，实现高等教育内涵式发展。”这里已将“内涵式发展”视为当前及今后我国高等教育转型发展的指导理念，为我国高等教育的发展指明了方向。2018年习近平总书记在北京大学师生代表座谈会上再次强调：“当前我国高等教育办学规模和年毕业人数已居世界首位，但规模扩张并不意味着质量和效益增长，走内涵式发展道路是我国高等教育发展的必由之路。”这意味着在新时代，“内涵式发展”是一种区别于规模和数量扩增，真正回归高等教育本身、从高校内部激发发展活力的发展方式。2019年初，中共中央办公厅、国务院办公厅印发《加快推进教育现代化实施方案（2018—2022年)》，明确提出推进教育现代化的十项重点任务之一为推动高等教育内涵发展，进一步明确了走内涵式发展道路是推动我国高等教育转型发展、实现教育现代化的必然选择。

二、提升地域文化融入地方高校教育效能内涵建设的重要性分析

决定地域文化融入地方高校教育品质与质量高度的关键要素，在于这个融入工程的内涵和内容建设。

1. 内涵建设决定了地域文化能够在多大程度上融入地方高校教育

决定地域文化融入地方高校教育的因素很多，其中之一就是融入内容的建设问题，这个内容的建设好坏决定了地域文化融入地方高校教育效果的好坏。在同

一个学校，不同学科融入地域文化的情况有别，一个重要原因就是对融入的内容建设情况有别；同样，不同学校在融入地域文化的质量和效果不一样，其中的一个关键因素在于融入的内容的处理问题。这其实提示了高校融入地域文化必须要考虑和设计融入内容的建设和创新整合处理问题，以此不断提升融入的内涵品质。

2. 内涵建设也决定了地域文化融入地方高校教育的发展情况

地域文化融入地方高校教育的收获如何，有很多影响因素，其中一个关键因素就是要做好融入内容的建设问题。在同一个学校的不同学科中，地域文化融入地方高校教育的内涵处理情况不一样，也决定了高校教育发展质量有所不同；在不同的学校，地域文化融入地方高校教育的内涵建设情况不一样，也在很大程度上影响高校教育走向地方发展的程度。

三、提升地域文化融入地方高校教育效能内涵建设的路径

提升教育内涵式发展，需要从不同方面做出努力。当下提升地域文化融入地方高校教育效能的内涵建设路径需要坚持从大教育的视角来推动，尽可能从各个不同角度综合整合出建设地域文化融入地方高校教育效能的内涵，推动地域文化融入地方高校教育走上内涵式发展道路，不断提升发展品质。

(一)以“五育”并举融合为主导，加强地域文化融入地方高校教育的内涵建设

当前“五育”并举融合已经再次成为我国高校教育发展的基本方针，这既点明了高校各个学科教育发展的方向，也确定了高校各学科教育必须要注重内涵式发展、内涵式建设。“五育”并举融合是为地域文化融入地方高校教育效能提升的内涵建设指明了前行的方向。这主要体现为两个方面的路径选择：

1. 以“五育”并举融合来挖掘开放地域文化中的各种教育资源，以此提升融入的内涵

地域文化资源内容丰富，包含了高校教育各个学科所需要的诸多现实教育资源，可以根据需要随时择取。地域文化融入地方高校教育这项工作内涵要提升，就要向地域文化资源系统汲取各类教育养分。按照“五育”并举融合的要求，地域文化可以提供五大教育需要的养分和材料。因此，地域文化在融入地方高校教育中时，应将地域文化进行“五育”的分类和整理，以做好对应学科教育需要的教育资源储备。

2. 以“五育”并举融合挖掘高校教育中的各个教育资源，以此提升融入的内涵

除了第一条路径外，提升地域文化融入地方高校教育效能的内涵建设路径，就是要从高校教育着手。这就需要根据地域文化融入的需要，对高校教育的各个学科进行整合，尤其是对各个学科可能与地域文化融合更好对接的教育资源进行整合和创新处理，在此基础上与地域文化进行对接，以此构建好地域文化融入地方高校教育效能提升的体系。

（二）以专业、通识、职业三大教育协同为主导，加强地域文化融入地方高校教育的内涵建设

1. 专业、通识、职业三大教育对高校教育发展的要求

高校教育体系从内容层面上解构，可以分为三大板块——专业教育、通识教育、职业教育。这三大板块的教育课程和教育发展满足了大学生三个方面的成长需求——专业发展、职业成长和现代公民素养。其中专业教育要求高校对大学生系统化的某一个学科或者几个学科进行专业性教育，力求大学生拥有一到几门的专长。通识教育主要针对现代社会对现代公民发展的素养需要，对大学生进行现代公民各类文明素养的培育和训练。职业教育要求对学生进行现代职业场域上的相关知识、技能等方面的教育，以此提高学生的职业技能。

2. 对标专业、通识、职业三大教育要求，加大地域文化融入地方高校教育的内涵建设

鉴于高校对专业教育、通识教育、职业教育的教育责任和内容建设要求，地域文化融入地方高校教育中的内涵建设应该注重对标这些要求，将地域文化资源按照专业教育需要、通识教育需要、职业教育需要进行三大组织分类，形成了三个大的融入板块，以此构建地域文化融入地方高校教育内涵建设的三大资料库。构建电子资料和纸质资料库，为高校各个学科融入地域文化及时提供需要的教育资源，做到融入更加精准化和精细化，比如旅游学科、历史学科、文学学科、经济学科等。

（三）以校地、校企合作共赢发展来提升地域文化融入地方高校教育的内涵建设

1. 校地合作的内涵及其对高校教育工作的要求

（1）校地合作的概念与作用

校地合作是校地共赢发展的新模式，可以使学校和地方的建设协同发展，也能促进地方经济建设，改善民生，培养学生自主创业和促进学生适应社会的发展。

校地合作能增加地方人才资源。校地合作能促进人才到地方的流通，吸引更多优秀的高校人才到地方去，促进人才引入。

校地合作能促进地方经济发展。校地合作能促进科技成果转化，实现产学研相结合，能把高校最新科研成果迅速转化为地方经济发展的新项目。同时通过高校的技术储备，联合地方企业攻克当前行业和区域面临的关键性技术难题，有力支撑地方企业的可持续发展。

校地合作能提升高校教学质量。通过校地合作，地方政府和企业能协助高校办学，为其提供先进资源和优质师资水平，同时能加大高校办学力度。高校也能根据实际情况，调整教学方式，针对岗位需求开设专业课程，联合培养社会急需的专业人才；学生通过学习技能可快速适应岗位，更好、更有效地开展工作。

(2)校地、校企合作对高校教育工作的要求

校地合作主要体现为学校与地方政府合作、学校与企业合作、学校与社区合作等类型。不同类型的合作有其自身的重点。其中，学校与地方政府合作，可以包括地方各项事业发展方面的合作；学校与企业合作，主要是人才培养、资助办学、技术发明支撑等方面的内容；学校与社区合作，一般主要是社区建设和学校学生实习、课外活动等方面的合作。这些不同层次的合作对高校提出不同的要求，其中学校与地方政府合作是一个弹性最大、内容最广、要求最多的合作。校企合作和校社合作相对要简单一些。

2. 对标校地合作共赢的需要，加强地域文化融入地方高校教育的内涵建设

鉴于校地合作和校企合作的重大意义和对高校教育发展的要求，在地域文化融入地方高校教育时尤其要关注这方面的需求，尽力从校地合作、校企合作的视角去挖掘地域文化中可能包括的合作元素和材料，以此更好地提升地域文化融入地方高校教育的内涵建设。

一是针对校地合作方面的要求，地域文化融入地方高校教育的内涵建设应对学校发展、地方发展、两者发展的契合点等方面做好地域文化与高校教育的对接工作。

二是针对校企业合作方面的要求，地域文化融入地方高校教育应积极应对分析学校发展、企业发展所需，挖掘企业和学校发展的共同点，在此基础上做好内涵建设的规划和构思设计。

第六章　地域文化融入地方高校教育的主体建设

影响地域文化融入地方高校教育的因素，不仅有理念与价值取向、内涵建设，还有更为关键的融入主体建设。本章主要从主体、教育主体以及地域文化融入地方高校教育的主体建设等方面的路径问题进行探讨研究。

一、主体和教育主体的基本知识梳理

(一)主体的基本概念

主体，主要是指向人，在不同学科和不同行业有不同的阐释。从哲学上看，主体是指对客体有认识和实践能力的人。从法学上看，主体是民法中享有权利和承担义务的公民或法人；是刑法中因犯罪而负刑事责任的自然人和单位；是国际法中国家主权的行使者与义务的承担者，即国家、民事法律关系主体、犯罪主体、国际法主体。从国际关系学上看，国际关系中相互交往的主体，是国家主体。从经济学上看，经济发展中的主体主要是企业。从政治学上看，主体主要指公民。从社会学上看，主体是指每一个社会公民。

(二)教育主体

任何一个场景中都会涉及主体性问题，这是与教育客体相对的一个概念和要素。从教育系统来分析，教育系统的主要行动者就是参与教育的主体。教育主体一般有狭义和广义之分，狭义的教育主体指向的是教师群体，广义的教育主体包括教师和学生群体。也就是说，教育主体包括单一教育主体和多样化的教育主体。

教育主体是指在教育活动中有意识地认识和作用于客体的人，与教育客体相对。教育理论界对教育主体的认识有下述观点：

(1)指教育者，主要是教师。教育者有目的、有计划地对受教育者施教，以自身的活动与影响引起和促进受教育者的身心发展。教师在教育活动中发挥主导作用，在教育活动中有意识地认识和作用于客体的人。

（2）指受教育者。学生在教育过程中不是被动地接受教育，而是具有主观能动性，教师不过是指导者、辅导者。

（3）指教育者与受教育者。二者都是有主体意识的人，在教育与教学活动中都有自己认识与作用的客体，二者都是主体，同时又都互为认识的客体。这两个主体在教育活动中的地位与作用有层次上的不同。

二、加强地域文化融入地方高校教育主体建设的原因

加强地域文化融入地方高校教育的主体建设，主要原因有：一是教师主体本身的重要性；二是教师队伍的职业素养和专业素养有待提高；三是学生群体对教师教育能力的要求也在不断提高。

就第一个原因来说，教师的教育主体地位至关重要。主体间性视域下的高校教育教学是各主体之间确立平等主体地位，进行交流沟通，促进主体间包容理解，以实现共同教学目标的过程。思政课教师的主体地位体现在以下几个方面。

1. 教师是高校自我发展的关键主体

优良、专业突出的教师队伍是高校开好任何一门课的重要保障。其一，高校教师职业发展的主观能动性的发挥，取决于所处的客观环境与条件。高校教师的职业具有专业性和特殊性，其自身职业发展不能随意进行主观臆想，而需要结合党和国家对高等教育事业总体布局与相关要求，进行合理规划。其二，高校教师职业发展的规划行动，是在与其他相关主体的交互中进行的。高校教师的职业发展是动态的，教师要从实际出发，与其他主体进行沟通交流、协商配合，不断改进其教学理念、教学方法与教学内容，以更好地实现思政课的教学目标。其三，高校教师发展成效，需要其他相关主体予以考核评价。高校教师的职业发展具有创造性，教师考核评价作为教学的重要环节，其成效的优劣决定职业发展的成败。

2. 教师是高校教学活动的关键主体

教育者与受教育者的对应角色和作用发挥是有一定区别的。从教学过程来看，大学课堂的顺利开展很大程度上取决于教师的教学能力与水平，学生的主动有效参与也需要教师加以引导和维护。对于学生而言，高校教师更讲政治、更懂理论、更具思想，教学的内容、边界和形式等都需要由教师来把握和设定。在充分肯定教育者与受教育者的平等主体地位的基础上，要根据二者在大学课堂教学

过程中的不同角色与作用，正确理解教学双方“主导 – 主体”的主体间关系。高校各个学科是落实立德树人和“五育”并举的课程，高校教师在教学过程中引导学生树立正确的世界观、人生观、价值观、专业精神、职业精神与能力等方面责任重大。大学课堂教学不是教师简单灌输和学生被动接受，而是一个双向交互的过程，这要求高校教师在积极发挥主导作用的同时，充分引导学生以主体身份参与教学全过程。

3. 教师是高校立德树人的关键主体

在主体间教育的情境中，每一门课的客体是与教学目标相互关联的。大学课堂作为培养人的教育活动，必然要反映一定阶段社会发展的客观需求。习近平总书记指出：“青年一代有理想、有本领、有担当，国家就有前途，民族就有希望。”在新的时代条件下，进行伟大斗争、建设伟大工程、推进伟大事业、实现伟大梦想，需要广大青年接力奋斗。立德树人是教育的根本任务，高校教师在“培养什么人”这一首要问题上扮演着重要角色，发挥着关键作用。

三、加强地域文化融入地方高校教育主体建设的路径

关于地域文化融入地方高校教育的主体建设，主要有两个方面：一是构建这项工作的行动共同体；二是加强高校教师队伍建设，其中包括专业能力和文化素养的提升。

(一)构建地域文化融入地方高校教育的学习与教育行动共同体

提升教育质量是我国高等教育当前的核心任务。实现教育质量的提升，不仅要进行教学资源的投入和课程改革，还要注重教师的教学发展。联合国教科文组织于 1998 年发布的《世界高等教育宣言》指出：“必须建立明确的关于教师的政策，如今他们需要聚焦于如何教授学生学习和发挥主动精神而非仅仅传授知识。应制定计划为教师研究、更新与改善教育技能提供充分的条件，通过适当的教师发展项目鼓励课程、教学和学习方法的持续创新，达至科研和教学优秀。”专业学习共同体被各国高校视为实现教师教学发展、提升教学效果的理想模式，受到越来越多的关注。但是，理想虽好，现实却并不怎么美妙。在实践中，教师专业学习共同体遭遇了集体行动的困境，在我国高校中更是如此。为促进教师发展，提升教学质量，必须重塑教师专业学习共同体，以期走出集体行动的困境。

1. 教师教学发展理想模式下的专业学习共同体的发展

一是从“专业个人主义”向“专业学习共同体”的教师教学发展。教学作

为“所有公共事务中最个人化的专业”，长期以来，基本上是教师单兵作战。高校教学又是所有教学活动中最个人化的活动，高校教师常常以“学术自由”“教学自由”“教学风格”的名义，完全控制着自己的课堂和学生，而把同事拒之门外。相应地，在教师的教学发展方面，高校及其教师采取的基本上是一种自由化、放任自流的方式，虽然也存在教师向同事学习的情况，如听取有关的教学经验报告，观摩和学习教学专家的实践，参加教学探讨会，但这些仍是自我导向式的发展模式，强调的是模仿、自我揣摩而非通过交流获取发展。教师参与到共同体中学习教学的做法并不常见，在高校教学中，“专业个人主义”盛行。

二是教师专业学习共同体的内涵。专业学习共同体源于管理学的学习型组织理论。作为学习型组织的衍生物，教师专业学习共同体产生于 20 世纪 80 年代美国的教师教育改革运动，但其作为真正的概念被提出来是在 1997 年美国西南教育发展中心发表的关于专业学习共同体的报告中。自那以后，专业学习共同体作为教师教学发展的一种有效实践途径被广泛关注。专业学习共同体在高校教师的教学中以多种形式出现，在我国主要是教学团队、课程组、教研室、教师发展中心等形式，在国外更多的是诸如午餐会、教学习明纳、“教师圆桌”等实践社群以及 U－S 协作型专业学习共同体等。虽然专业学习共同体以不同的形式存在于不同国家的不同高校中，但它们却有着同样的宗旨与性质。首先，它们都具有支持性和共享性的领导，这些领导以自身专业能力、行政资源等获得的领导力带领共同体成长。其次，有共同的价值观和愿景，那就是促进所有成员专业能力的共同发展，并让学生受益。再次，有共享的个人实践，专业学习共同体成员要乐于奉献，把自己的专攻与别人分享，促进分享学习。最后，专业学习共同体是持续变革的学习型组织，有助于持续创新，促进成员专业能力的不断提升。

2. 教师专业学习共同体遭遇的集体行动困境

一是专业学习共同体的组织问题。

组织结构失衡。专业学习共同体是在多学科的基础上发展起来的，是一种各成员权力共享、平等交流的组织形式。当前，我国高校的组织结构普遍以多层化组织结构为主，即“校－院/系－专业”三级管理模式，这与专业学习共同体的理念和发展模式相背离。高校内部学科专业之间的条块分割仍比较严重，学科交叉融合和跨学科合作难以推动。高校这种以孤立和分割为主要特征的蜂状结构，使教师被隔离在一个个单独的教室或办公室中，阻碍了专业学习共同体成员之间的知识分享和交流。共同体自身的规模，也影响其发展及成效。关于组织规模，伊万·维滕贝格在研究中发现，最适合规模发展的人数是 6 人。理查德·哈克曼教授在哈佛大学的教学经验也表明，一个项目参加的最佳人数不超过 6 人。而我国高校在实施专业学习共同体中却很少考虑规模。调研发现，当下我国高校教学团队的人数一般至少为 6 人，人数明显过多。从效果来看，规模过大会导致团队管理困难，成员间合作沟通不充分，团队工作效率低下，最终的结果多是“有队而无团”，缺乏共享，更无共同发展。我国高校教学团体规模亟待优化的问题十分突出。

组织松散，“形似神离”。我国高校教师教学发展专业学习共同体的主要形式是教师发展中心、教学团队与教学研讨会等，作为提升教师教学质量的途径，它们被众多高校重视，但在现实中，促进教师教学发展的这些形式多流于表面。有关调查显示，“在各样本高校，教师参与中心活动人数的比例在 50% 以下的占 68% 以上；教师参与中心活动人数的比例在 75% 以上的只占9.26%”。即使参与学习的教师，很多也仅仅是参加了教师入职培训或听取了个别教学讲座，并未真正参与交流。教学发展中心的活动，很多时候只是优秀教师的“布道场”。教学团队也存在组织松散的问题。很多教学团队是打着教学的旗号，根据科研成果或申报项目需要临时拼凑的，并没有突出教学的核心地位，且这种“团队”是非常随意和松散的，而非较为固定的“共同体”。近些年，以制定、修改以及改进教学事务为主要责任的教学研讨会，也逐渐与其职责相偏离，更多地向利益高、见效快的研究靠近，从而导致在不同程度上存在组织涣散、功能弱化及缺乏凝聚力等问题，使高校教师之间的合作研讨失去了其赖以生存、发展的土壤和环境。

二是专业学习共同体的运行问题。

搭便车现象普遍存在。搭便车现象是集体行动中不可避免的核心问题，在团队建设中一直备受关注但又难以避免。当团队内出现搭便车现象时，团队的有效性就会降低。有相关调查显示，有超过 65% 的教师认为专业学习共同体的时间都是在课外，由于自己的教学工作强度大，虽然被列入其中，但并不想真正参与。教师的参与度不高，是我国高校教学团队中的常见现象。不少教师在面对集体行动时有懒惰、依赖、“吃大锅饭”的心理，这就使得繁重的教学研究工作落在了个别人的头上，也使得团队效率降低。不良的组织文化和监督管理制度是产生搭便车现象的根源。我国高校教师合作意识偏低，很多知识结构与社会地位不同的教师尽管被强制地“合”在了一起，却“合而不作”，甚至相互抵触，并没有形成平等的对话关系。在这种合作的过程中，团队的管理监督制度是不到位的，面对“强势”与“弱势”的形态，并未做出更多举措，这也形成了“弱者”搭便车的潜在环境，使其在团体中成为“磨洋工”或“偷懒者”。

竞争冲淡合作。这种恶性竞争的循环直接导致专业学习共同体成员之间缺乏教学经验的交流，致使教学的墨守成规，专业学习共同体并不会对教师教学质量做出实质性的改变。专业学习共同体实施过程中的组织和运行问题是阻碍我国高校教师教学质量提高的重要原因。我国正处于培养高质量的创新型人才阶段，改进与优化专业学习共同体的实施形式与条件保障，提高教师教学质量，是我国高校目前亟待解决的问题。

3. 重塑教师专业学习共同体的行动方案

一是跨越行动困境的前提：建立分层的小团体与监督制度。集体行动理论认为，小规模和有力的监督不仅有利于共同体组织的实施，还能够减少成员搭便车的现象。而我国高校中的专业学习共同体方式大都存在规模偏大、监督错位的状况，而这亟须改变。分层的小规模团体为专业学习共同体提供了一个良好的内部秩序，专业学习共同体的有效实施还需要建立“以人为本”的监督管理制度，为其提供规范的外部环境。专业学习共同体有效实施的关键之一是使参与其中的教师具有“主人翁意识”，若背离了“以人为本”的前提和基础，专业学习共同体将沦为高校科层管理的又一种形式。相关调查显示，我国高校在发展教师专业学习共同体的过程中，有 32% 的教师是为了获得高校行政支持或为了完成管理指标而加入，在这种权力压制下，教师就会有“被迫”的感觉，不能够真正投入其中。减少行政力量的干预，加强专业学习共同体成员的自我监督，有助于教师形成合作与自制意识，减少搭便车的行为，为集体目标的实现而努力。

二是实现集体中的个人“成果”保障：采用多样的选择性激励方法。集体行动理论认为：“集体行动得以实现集体利益帕累托最优，关键在于实施选择性激励。激励必须是‘选择性的’。”为了提高教师参与专业学习共同体的积极性，就要建立差异化的激励制度，即奖励是要有选择性的而不能搞平均主义。在专业学习共同体实施过程中，应当建立“多劳多得、少劳少得、不劳不得”的分配模式，甚至少劳或不劳还应当受到一定的惩罚。“不平等”的选择性激励一定要体现公平性、激励性与竞争性的原则，保证在集体利益不动摇的前提下，个人利益尽量得到满足。选择性激励不仅包括物质上的，也包括非物质上的，因此，“自助餐式”的弹性福利制度也是调动个人积极性的关键因素。比如在专业学习共同体实施过程中，对于表现优异的教师，“还可以为其提供多样化的福利形式，如学习交流、出国培训、学术年假等”。只有这样，才能调动教师的参与热情，使专业学习共同体等类似的集体活动充满活力，促进教师教学质量的提高。选择性激励要建立在一定物质或奖励基础之上才能够对教师产生积极的作用，但在当前专业学习共同体的运行中，个人的教学成果并不像科研成果那样被认可。因此，应改革现有的激励评价标准，突出教师教学的重要性，倡导尊重教学的校园文化。在这方面，除了要转变教师对教学学术文化的传统观念，更重要的是有关部门要转变重科研轻教学的政策导向，将教师对教学内容、方法等的合作研究作为学校评价的重点，增加教学合作研究与教学创新在教师评价体系中的权重，充分体现高校对教学工作的足够重视，使教师教学成果能够以物质化或其他奖励方式得以呈现。

三是有效实施集体行动的路径：创新教师专业学习共同体组织方式。专业学习共同体的运行不仅要有共同的利益追求，同时也要为每个成员提供参与其中的机会。应建立跨学科的专业学习共同体，促进教师之间思想、知识等的交流，让不同领域之间的合作为教师自身学科打开新的视角。同时，要建立网络学习共同体，网络已是一种势不可当的空间力量，精品课程以及 MOOCs 等在线课程的实施促进了教师学习形式的多元化。除了跨学科与网络学习的共同体组织方式外，高校管理者以及相关部门要积极组织形式多样的教师团队活动，增加教师多领域与多元化的培训与实践。

(二)加强高校教师的育人能力建设

高校课堂是立德树人的主渠道和主阵地，而高校教师是落实立德树人根本任务的责任主体和实施主体。这些年党和国家提出的教育思想为当下高校教师队伍建设指明了发展方向。

1. 提升高校专业教师育人能力的重要意义

一是推动国家高等教育发展的迫切需求。教育兴则国家兴，教育强则国家强。习近平总书记在党的十九大报告中围绕“优先发展教育事业”做出重要部署，指出建设教育强国是中华民族伟大复兴的基础工程，必须把教育事业放在优先位置。

高等教育是我国教育的战略制高点，教师是制高点的制高点；立德树人是教育的根本任务，培养教师是根本的根本。习近平总书记在全国高校思想政治工作会议上明确指出：“要坚持把立德树人作为中心环节，把思想政治工作贯穿教育教学全过程，实现全程育人、全方位育人，努力开创我国高等教育事业发展新局面。”落实立德树人根本任务，提升高校立德树人实效，加快一流大学和一流学科建设，推动我国高等教育内涵式发展，必须全面提升所有学科专业教师的育人能力。面对新时代新要求，高校专业教师必须主动适应我国高等教育发展新形势，全面提升开展专业课程、思政建设的意识和能力，把专业育人与国家发展、民族未来紧密联系在一起，把立德树人贯穿专业教育教学全过程，坚持以马克思主义为指导，全面贯彻党的教育方针，积极探索新时代专业教育教学方法，基于专业特点不断提高育人本领，牢记为党育人、为国育才使命，为培养德智体美劳全面发展的社会主义建设者和接班人做出新的更大贡献。

二是推进高校“双一流”建设的有力抓手。高校是培养人才的地方。只有培养出一流人才的高校，才能够成为世界一流大学。习近平总书记指出：“我国高等教育肩负着培养德智体美劳全面发展的社会主义事业建设者和接班人的重大任务，必须坚持正确政治方向。”办好我国高校，办出世界一流大学，必须牢牢抓住全面提高人才培养能力这个核心点，并以此带动高校其他工作。

三是加强教师队伍建设的必然选择。百年大计，教育为本；教育大计，教师为本。有高质量的教师队伍，才会有高质量的教育。在专业教育中要落实立德树人根本任务，离不开一支政治素质过硬、业务能力精湛、育人水平高超的专业教师队伍。2014 年教师节前夕，习近平总书记同北京师范大学师生代表座谈时指出，全国广大教师要做有理想信念、有道德情操、有扎实学识、有仁爱之心的“四有”好老师。2016 年 9 月，习近平总书记考察北京市八一学校并发表重要讲话，号召广大教师做学生的“四个引路人”：要做学生锤炼品格的引路人，做学生学习知识的引路人，做学生创新思维的引路人，做学生奉献祖国的引路人。在全国高校思想政治工作会议上，习近平总书记强调要加强师德师风建设，对广大教师提出了“四个统一”的时代要求：坚持教书和育人相统一，坚持言传和身教相统一，坚持潜心问道和关注社会相统一，坚持学术自由和学术规范相统一。

四是促进学生全面发展的坚实保障。习近平总书记在全国教育大会上强调：“我们的教育必须把培养社会主义建设者和接班人作为根本任务，培养一代又一代拥护中国共产党领导和我国社会主义制度、立志为中国特色社会主义奋斗终身的有用人才。”全面贯彻党的教育方针、促进学生全面发展，是为党育人、为国育才的根本要求。要持续完善育人体系，健全育人机制，为落实落细立德树人根本任务提供更加科学的导向、更为多样的资源、更加灵活的方式。

2. 高校专业教师育人能力的基本要素

培养什么人、怎样培养人、为谁培养人是教育的根本问题。立德树人成效是检验高校一切工作的根本标准。落实立德树人根本任务，必须将价值塑造、知识传授和能力培养三者融为一体、不可割裂。因此，对学生的价值塑造、知识传授和能力培养正是课程思政背景下高校专业教师育人能力的基本构成要素。

一是价值塑造是核心。价值塑造位居立德树人根本任务之首，是构成专业教师育人能力的核心内容。人无德不立，育人的根本在于立德，立德的过程就是学生价值观养成的过程。对于专业教师来说，立德树人的核心任务就是将价值塑造融入专业知识传授和综合能力训练，培养既符合专业人才培养目标又体现时代精神、顺应党和国家事业发展需要的综合型人才。因此，价值塑造是新时代高校人才培养任务的核心，是构成专业教师育人能力的第一要素。高校专业教师应始终坚守育人初心，坚持育人为本，充分发挥价值塑造的引领作用，从专业知识和技术中挖掘渗透社会主义核心价值观的思政元素，把价值塑造贯穿专业教育教学全过程，深刻把握“为人民服务、为中国共产党治国理政服务、为巩固和发展中国特色社会主义制度服务、为改革开放和社会主义现代化建设服务”的科学内涵，将全员、全程、全方位育人落到实处。

二是知识传授是根基。高校教师育人能力的根基在于知识传授。对新时代高校专业教师来说，他们除了要传授基本的专业知识，还要依据不同学科专业的特色和优势，加强对学生的马克思主义理论、中国特色社会主义理论、中国优秀传统文化等知识的融合和传授，强化学生的政治认同、家国情怀、文化素养和道德修养。高校专业教师同时肩负着培养专业人才和培养社会主义建设者、接班人的重任。一支政治素养过硬、高素质、专业化和理论知识背景多样的专业教师队伍对于提高教育教学质量和人才培养质量能起到至关重要的作用。高校专业教师需要在充分把握当代学生特点的基础上，正确认识新时期我国教育改革发展的形势和任务，不断丰富专业课程的教学内容，创新教学形式，调整教学方案。既要贯彻新时代党和国家的教育方针，坚持以马克思主义为指导，又要把握当代学生的心理需求和价值诉求，兼顾学生的主体性和教师的主导性，教育引导学生成为同时具备扎实专业基础、正确思想观念和广博人文素养的高素质人才。

三是能力培养是归宿。对学生综合能力的培养是高校专业教育教学的最终目标和归宿。高校专业教师要在专业教学中强化自身能力培养，用正确的价值观引导学生理性思考、客观面对问题，提高学生合理运用知识、灵活解决问题的能力，实现学生学思结合、知行统一。教师要坚持以德施教、以德育人，以能力导向型教学促进学生健康成长和全面发展，让学生掌握获取知识的基本方法，了解所学知识的作用和价值，养成独立思考、勤于沟通、团结协作的习惯，培养学生积极探索、大胆创新、勇于实践的精神。

3. 高校专业教师育人能力的现状分析

一是专业育人职责有待明确，育人意识有待增强。目前，高校协同育人体系构建还处在探索阶段，在不同程度上仍然存在专业课与思政课相分离的情况。部分专业教师尚未完全意识到德育工作在专业教学中的重要性，缺乏足够的育人意识，对专业教学的育人职责定位模糊。在自身固有教育观念的束缚下，将专业教学与思政教育视作两个相对独立的体系，认为专业课教师的任务就是向学生传授专业领域知识，而对学生进行马克思主义理论教育和思想政治教育是党政干部、团干部、思政课教师和辅导员的职责。因此，在实际教学中，偏重专业知识的传授和专业技能的训练，忽略了对学生价值观念的塑造以及综合能力的培养，对学生的思想动态和心理状态不够重视，结果造成了专业教育与思政教育的割裂。而专业教学中价值引领和育人导向的缺失，不仅影响学生的全面、健康发展，同时也限制了专业教师自身的职业发展。

二是思想政治理论基础有待夯实，思想政治素养有待提高。专业教师的思想政治素养在很大程度上决定了专业教学的育人实效。一般来说，高校专业教师在求学期间打下了扎实的专业基础，在岗前培训中培养了基本的教育教学能力。然而，专业教师毕竟没有接受过系统的思想政治理论熏陶，与思政课教师相比，专业教师的思政理论基础不够扎实，深入理解和灵活运用思政理论知识的能力比较欠缺。加之很多专业教师忙于教学、科研，往往容易忽略思想政治理论学习，直接导致对马克思主义理论、中国特色社会主义理论不熟悉，对贯彻党的教育方针、政策不到位，自身的思想政治素养得不到提高，难以在专业教学中为学生树立正确的价值导向。

三是专业课程思政能力有待锤炼，育人方法有待改进。目前全国各地高校的专业教学普遍依托教材展开，这意味着专业教材仍然是专业课程教学内容的第一来源。众所周知，除了一些特定学科，传统的专业教材以介绍专业知识为主，缺乏鲜明的价值导向。如果专业教师的思想政治理论水平不够、教学实践经验不足，就很难精准定位、挖掘和提炼思政要素。况且，即便明确了育人要素，如果不能将其融入专业知识体系，就无法发挥专业教学的隐性育人功能，最终思想政治教育还是游离在专业教学之外，无法实现知识传授与价值引领的有机统一。

4. 高校专业教师育人能力的提升路径

一是理解课程思政内涵，明确专业育人任务。对于高校专业课教师来说，如何理解课程思政，是决定其能否真正将思想政治教育纳入专业教学，使专业课与思政理论课同向同行，实现全员、全程、全方位育人的关键。因为，只有充分认识课程思政的内涵、特点及意义，才能明确专业课程体系的育人方向和育人目标，从而有针对性地在专业教学中融入思想政治教育，实现知识传授与价值引领的同频共振。大学阶段是学生认知水平、思维能力、价值取向渐进发展的窗口期，也是学生世界观、人生观、价值观形成至稳固的关键期。在高校专业教学中，教师除了要传授专业知识，培养学生的专业素质和能力，还要把握好专业课程体系的政治方向、价值取向和育人导向，增强对学生的政治引领、道德引领和文化引领，全力培养专业水平高、政治素养高、思想觉悟高的社会主义事业建设者和接班人。

二是加强政治理论学习，提高师德师风修养。作为高校非思政课教师，更要着力抓好思想政治理论学习，除了积极参加集体学习，还要坚持自主学习。首先，要系统阅读马克思列宁主义、毛泽东思想、邓小平理论、“三个代表”重要思想、科学发展观、习近平新时代中国特色社会主义思想的相关著作。同时，要充分利用“学习强国”APP、求是网和“学习大国”公众号等网络资源来辅助学习。通过不断提高理论水平和政治素养，树牢“四个意识”，坚定“四个自信”，做到“两个维护”，实现学思贯通、知行合一。只有将思想政治理论内化于心，转化为个人的理想信念、价值追求和行动向导，才能外化于行，转化为明确的育人目标，产生强大的育人能力。只有坚定内心信仰，筑牢信念之基，才能在专业教学中不忘育人初心，站稳育人立场。

三是挖掘隐性思政元素，创新优化教学设计。课堂教学是课程思政的主渠道，课程思政实施的关键在于教学设计，教学设计的重中之重是思政元素的挖掘。高校学科、专业类别众多，要实现思政元素与专业教学的有机融合，必须做到具体问题具体分析。要结合不同的专业特点，全面解析专业知识结构，深入挖掘专业知识点对应的思政元素，精准定位专业课程的育人目标，并将价值引领贯穿专业教学的各个环节。比如，人文社科类专业教师，可以在专业教学中加强中华优秀传统文化的渗透。

四是关注时事政治热点，吸纳思政教学资源。为提升专业课程育人水平，高校专业教师除了要关注学科领域最新、最前沿的发展趋势，深入挖掘专业课程体系中蕴含的思政元素，还要密切关注国内外时事政治热点。通过关注国内外时事热点新闻等渠道，了解当前的国内国际形势，促进思政教育的与时俱进。其中，要重点关注、收集与专业课程内容密切相关，可以作为专业课程思政辅助教学材料的资源。比如，在社会学类、管理学类专业课程教学中，教师可以结合专业特点和专业知识结构，通过现代教育技术手段，从探讨突发公共卫生事件应急机制的角度，将讲述中国抗疫故事、抗疫成就的相关视频、音频或图片等直观教学资源作为辅助思政教育材料纳入专业教学，以此加深学生对中国人民和中华民族

“生命至上、举国同心、舍生忘死、尊重科学、命运与共的伟大抗疫精神”的认知和认同，引导学生坚定社会主义核心价值观、弘扬爱国主义精神、厚植爱国主义情怀。

五是掌握学生思想动向，建立全程良性沟通。高校教学模式相对比较开放，学生的自主学习空间较大，但这也意味着它对学生的学习独立性和自觉性要求较高。除了固定的辅导答疑时间，高校专业课任课教师在课堂以外与学生面对面交流的机会非常有限。因此，要想及时掌握学生的思想动向和学习效果，保证专业教学的育人实效，就必须建立起实时、有效的师生沟通机制。在线上线下混合式教学全面普及的背景下，高校专业教师可以结合线下课堂面授和线上网络教学平台的各种教学功能，充分发挥教师的导向作用和学生的主体作用，实现教师与学生全程、实时、有效的互动交流。比如，在课堂上讲解某个可以融入思政教育的专业知识点时，用启发式的师生问答代替教师的单向价值输出，在师生互动中引导学生自主发现、理解知识点背后隐含的思政元素。在每个思政教育指标点完成后，教师设置相关讨论话题，组织学生分组讨论，通过交流讨论结果，确认学生对思政元素的理解情况。最后，教师根据学生的课堂反馈情况，有针对性地总结强化思政元素内涵，加强对学生社会主义核心价值观的引领作用。

(三)加快信息化时代高校教师的专业化发展

互联网的飞速发展正在打破我们稳定、安全的生活局面，影响着我们的教育、工作与职业世界。现有职业的改组与新职业的出现，对企业、劳动力市场及从业人员提出了更高的适应要求，企业须改革发展以保证现有的工作情境适应信息技术的发展需求；从业人员须不断提升自我能力和技能，以适应不断变化的工作要求。而正在经历快速变化的不仅是工作和职业世界，教育以及专业学习亦必须跟上信息技术发展的步伐。

1. 信息技术背景下教育发展的变革

以数字化、信息化和网络化为特征的互联网时代，社会对人才的需求从掌握知识转向创新能力，从关注知识维度转向关注能力与思维、过程与方法、核心素养等维度。对人才的要求促进教育教学的变革与创新，教育教学须在教育理念、教学方法与手段、课程与教学内容、教学环境以及教学评价等各环节进行全面变革。

一是在线教育内容与形成途径的开放性。开放性是信息技术时代教育的首要特征。随着全球范围内学校教育条件的变化，教师面临着在教学、科研、专业发展等方面有效使用信息技术和数字媒体的挑战，一系列新媒体概念在教育领域受到了广泛关注，如个人基础设备的可用性、制度开放问题以及知识产权保护等。信息技术促进了开放教育资源的发展，“开放教育资源是属于公共领域或具有开放许可证的任何类型的教育材料。这些开放材料的性质意味着任何人都可以合法地、自由地复制、使用、适应和重新分享它们。开放教育资源包含从教科书到课程、教学大纲、课堂讲稿、作业、测试、项目、音频、视频和动画等一系列内容”。开放教育资源为在线学习提供有效支持，而在线学习的开放性又使得多样化的学习行为成为可能，相对于传统的教学模式和条件，这种行为在信息时代新的学习范式下会更加独立、频繁地产生。在互联网背景下，教育材料和教育机构面向任何对它感兴趣的人开放，使用者无须获得任何使用或访问权限；学习不再受入学条件、入学考试等门槛的约束而成为可能。这类似一个不需要注册和实名的免费图书馆，而我们要关注的主要问题是用户对在线内容或主题的兴趣。但是，目前虽有囊括了所有学科的数以百万计的在线资源被用于教育事业，但对这些资源的使用却是有限且被动的，依然存在很多障碍。因此，现有对于开放教育资源或者说在线学习的研究多聚焦于两个方面：如何挑选、使用数量繁多的在线资源；如何让教育者和学习者重复利用这些在线资源，提高学习效率和质量。

二是互联网使用者角色和身份的双重性。在信息时代，互联网使用者同时具备使用与创造的双重身份。在线教育的多样性和开放性带来了两大问题：其一，在线资源创造者的身份，这是信息时代创建在线学习内容的主要问题。传统的新闻、广播、电视等大众媒体的内容生产往往掌握在少数专业人员或专家手中。伴随着互联网的引入，在线教育内容的使用者和开发者没有了条件限制，任何有兴趣分享自己的知识和经验的人都可以参与其中，生产创造各种在线内容，如教育材料、教学资源、学习内容等。除此之外，在线资源创造者同时又是在线资源的使用者。开放课堂、虚拟学校、移动学习等新的学习模式使教育活动可以按照学习者的需求进行，学习行为不再受时空及各种条件的限制。其二，在线教育资源的质量保障。在线内容的多样性和开放性带来的另一个问题就是在线内容的质量如何保证，对于学习者来说，如果不能确保有高质量的学习资源，将会造成学习者在时间、金钱等方面的浪费。

三是网络情境下学习者学习行为的独立性。学习者应当如何使用新技术提供的各种资源和机会呢？从学习行为上看，与传统的班级授课制下的学习行为相比，互联网情境下的学习者有了新的独立性。互联网背景下的开放课堂、虚拟学校和移动学习使学习者不受时空限制，教育活动可以以非传统的社会形式进行，这种情况下的学习行为脱离了由传统的教育机制提供的固定学习模式。在新的学习情境中，学习者需要自主决定何时、何地、以何种方式以及何种学习资源是适合自己的。但这种极度自由的学习形式使学习者脱离了管控，使学习者的在线学习缺乏有效的监管机制。而学习者个人若缺乏必要的课程背景知识和学习能力以及足够的学习动力，易导致他们不能坚持完成相应的学习目标，其在线学习的质量得不到有效保障。因此，在线学习要求学习者首先须具备良好的学习能力。同时，大规模在线教育中比“规模”更重要的是，它同时带来了复杂性和多元性。学习者自身拥有的背景知识与能力的非统一性、不同学习者个性化的需求以及自身拥有的各异的社会化特征，给在线学习资源的创造及学习方式带来了更多挑战，在线学习是否适合每一个学习者还有待论证。如何提供更加个性化、能够满足不同学习者多样化的需求，亦是当前在线教育深入思考的新议题。

四是基于大数据进行教育分析的在线、大规模与临床性。学习者在互联网或相关技术设备上的使用留下了大量的数据记录，这些教育活动的数据痕迹被互联网采集并记录保存，这些被记录保存的数据即我们所熟知的“大数据”。相对于纸质学习材料而言，互联网下的学习情境中学习者与学习材料的任何一次互动都会被记录下来，而事实上这些信息并没有得到收集和有效利用。互联网的使用使教育活动处于持续监控中，因此我们关注更多的是在得知我们的行为被记录时如何保护自己的隐私以及对信息误用而产生的担忧等。但我们应当看到的是，所得的数据可以被用于即时和长期的学习和教学反馈，从而制定个性化教学和学习方案，比如量身定制的学习和培训等。

2. 信息时代高校教师专业化发展的新内涵

一是信息时代高校教师角色的新定义。高等教育机构效能的最基本要素是师资发展，教师是支撑学校这个载体运行的根本。教师专业发展在全球许多高校教育系统发挥着重要作用。当前，高校教师专业发展主要有两大需求，一是教师教学专业能力的提升，二是应对互联网时代对教师教学冲击所需要的教学改革创新。教师专业发展包括一系列广泛的活动，可以广义地定义为促进教师技能提高或帮助其在专业发展的任何活动。而提高教学技能、促进科学研究和促进专业发展是传统的教师专业发展项目所关注的主要方面。

二是信息时代高校教师素养的新解构。教师是教育的基础，教师质量决定着人才质量，高校教师队伍是高校教育质量的核心指标。未来的高校教师应具备“知、情、意、行”全方位的素养，表现在具备深厚的专业底蕴、具备终身学习的理念和能力、具备全球化视野和良好社会服务意识等，具体表现为基础、成长、拓展三个方面。

3. 信息时代高校教师培养的协同机制探讨

立国以教育为本，教育以教师为根。中国要建设教育强国、办好人民满意的教育，关键是建设一支规模宏大、素质优良的专业化教师队伍。2019 年发布的《中国教育现代化 2035》将“建设高素质专业化创新型教师队伍”列为推进教育现代化的十大战略任务之一，我国高校教师教育迎来了前所未有的战略机遇期。如何促进教师的发展，使他们准备好应对信息技术时代高等教育的快速发展变化，使他们在现在以及未来能够保持活力，是当前应当深刻思考的重要课题。

一是建设 UGIT 协同育人的“前沿后续”式教师教育培养机制。积极探索“大学—政府—教研机构—教师”的 UGIT 协同育人机制，充分发挥高校与地方政府、教研机构等相关部门对于教师培养的作用。充分注重教师个人的“话语权”，关注教师真正的需求和个体发展的需要，调动教师在促进个人专业成长的道路上的主观能动性。协调高校、地方政府、教育教研机构等在教师职前的培养目标、课程体系、课程资源、实践基地、教学研究、培养质量评价以及教师职后专业发展等方面开展全方位合作，通过设立学分银行，实现课程衔接与学分互认，建立职后教师培训与学历教育的衔接机制，搭建教师专业成长的“立交桥”，打造多层次、多向度的职前、职中、职后一体化的“前沿后续”式卓越教师培养培训模式。

二是探索实践为导向的精准、科学、需求驱动的培养模式。当前，高校教师队伍日渐趋于年轻化，但年轻博士大多缺少学校教育服务经历，缺少指导、分析、解决教育教学实际问题的能力，短时间内较难精熟教育教学实践工作。而教师教育培养的是未来能够快步走上讲台的一线教师，因此教师教育改革应密切结合高等教育改革的需要，关注学生发展的需求，创新课堂教学方式方法，培养未来教师将教学理论融于教学实际的能力。因此，应当构建高校教师职前养成、职后发展一体化的、以实践为导向的、需求驱动的精准科学培养模式。职前为教师提供多样化的实践实习机会，为新教师联系基础教育机构、大学等，规定“准教师”定期进入高校听课、评课，参加多种研讨活动。职后采用“以老带新”“青年导师制”等形式，为新教师配备熟悉高校教学环境、有丰富教育实践经验的教师作为“实践导师”。同时，制定明确的考核制度和激励政策，推动新教师快速熟悉教育实践，提升指导、分析和解决教育教学实际问题能力。基于新的需求和能力标准，探索科学精准的高校教师培养培训路径，推动高校教师培养及培训从经验式向精准、科学、需求驱动的人才培养模式转变，提升教师教育科学化水平。

三是强化教师信息技术应用能力培训。数字技术只是手段，不是目的，教育技术的使用依赖教师的有效利用。在信息时代，高校教师的专业发展本身就包含了数字化教学资源专业运用能力的发展。目前，高校教师普遍具有运用数字化教学资源和技术的意识和需求，但是总体上高校教师数字化教学资源运用的技能滞后于技术发展的进程。因此，应针对信息化发展的需求出台最新的师资培养要求和评价标准，探索教师核心素养及能力发展的测评体系，以“基础”“成长”“拓展”的能力为指导，研制与教师发展相关的核心“指数”，积极推动信息化时代新教师的能力标准建设。针对所出台的教师信息技能标准，为教师提供多媒体教学技能和能力的相关培训，依托项目推进、课程改革等方式，鼓励大学教师参与数字化教学资源库创建、教学交流平台设计及运用等以提升教师的多媒体技能，进而通过“互联网 +”教育理念和思维提升教师的自我创新能力和发展能力。

(四)加强高校教师中西文化素养的提升

地域文化融入地方高校教育之中，要求高校教师的自身文化素养要提高，至少应该提高两个方面的文化素养：一是中国文化素养；二是西方文化素养。其中主要是第一个文化素养。而第一个素养体系中，目前的短板是中国传统文化素养问题。

1. 转化性学习与高校教师传统文化素养提升的契合

具备良好文化素养的教师拥有广博的传统文化知识，“能够深刻洞悉大学生的学习需求和接受能力，驾驭庞杂而深邃的优秀传统文化内涵，并且合理设计教学内容、创新改进教学方法”，以优秀传统文化的思想道德精华涵养大学生社会主义核心价值观。日常教育教学实践中，“讲清楚中华文化积淀着中华民族最深沉的精神追求，讲清楚中华优秀传统文化是中华民族的突出优势”，这是高校教师传统文化素养的最基本体现，也是教师在对传统文化价值认同的基础上努力履行的职责。然而受限于自己的知识结构、生活经验、行为方式、思维观念和价值取向等诸多因素，高校教师对传统文化的理解缺少广度和深度，更缺乏对传统文化的整体性认知，导致在授课中对传统文化内涵挖掘不深、解读不足。阐释成人学习过程的转化性学习理论，强调深层次的成人学习在促进成人认知、情感和行为各方面深度转化和发展的重要性，为我国高校探究教师学习路径、提升教师传统文化素养提供了一种新思路和理论支持。

转化性学习理论关注成人学习的独特性和复杂性，强调个体经验、批判性反思和理性对话在知识理解与转化过程中的主导作用，抓住了成人学习的本质特征。而经验、反思、对话恰恰也是提升教师传统文化素养的关注点。转化性学习理论还重视“个体发展”，强调转化过程中批判性思维能力的发展和转化结束时意识层次的提高，这与教师文化素养培养的诉求也完全契合。显然，转化性学习理论对高校教师传统文化素养提升具有广泛、深刻的指导作用。

2. 转化性学习的国际经验

综观当今世界各国文化发展，越来越多的国家意识到文化在社会发展中的重要支撑作用，纷纷根据各自文化特点，制定出相应的文化发展政策。在正确对待不同国家和民族的文化，推进各种文化交流互融、互学、互鉴的同时，借鉴国外高校文化建设的有益经验，可以拓宽我国高校教师传统文化素养培养的思路。为找到最佳学习效果，许多关于提高文化素养的研究都转向了转化性学习框架，如在澳大利亚高等教育委员会的资助下，悉尼大学以转化性学习理论为指导进行了教师文化素养提升的实践探索。

一是突出学习内容的价值引领，激发学习者的反思。文化素养的提升不仅包括相关知识、技能的增长，还包括认知体系的转变。承载价值判断的学习内容更能激发学习者的反思，让他们主动探求，发现参照体系的不合理之处。因此，传统文化素养培训内容应注重对学习者文化价值观的引导，做到知识性和价值性的统一。

二是提供多种学习资源，积累学习经验。转化性学习是个体经验被不断构建—解构—重构的循环过程。更新相关知识、扩充知识储备是学习者分析、解决问题的必要准备，而且有些学习内容会直接激起学习者对自己原有观点的质疑和批判性反思。

三是创新培训研修模式，促进转化。有效的学习来自有效的反思，学习的价值体现在批判性反思之后的认知发展。迷惘困境能否触发转化性学习，关键在于学习者是否进行了基于经验的批判性反思。

四是融入教育实践，完成意义构建。成人教育的目的是提高实践技能，社会行动是转化性学习所固有的，因此，在批判性反思和对话交流中形成的新意义、新意识，需要人们付诸行动进行检验。

3. 高校教师传统文化素养的提升策略

一是转变教师学习观。文化素养提升是一个深度学习的过程，教师从研究“如何教”转化为研究“如何学”，这对推动高校文化教育具有积极意义。转化性学习理论为教师的“学”提供了一种新理念。

伴随社交媒体技术的快速发展与普及，通过移动学习媒介随时随地获取知识的碎片化学习成为教师的主要学习方式。高校教师传统文化素养的提升是一个长期的、渐进的过程，不是靠读几本书、参加几次培训就能一蹴而就的，而发挥日常碎片化学习的优势推动高校教师文化素养的提升不失为一种好方法。但这种模式在向学习者即时传递丰富多样的学习资料的同时，也因为学习内容的零散无序导致学习者注意力的碎片化和认知的碎片化。中国文化源远流长、博大精深，仅靠粗略地浏览学习材料而不对内容进行深入思考，或仅孤立地了解其中的某几个思想理论，是不可能深刻理解文化中所蕴含的思想理念和人文精神的，有时还会出现理解偏差、视野狭窄等现象，更谈不上高校教师传统文化素养的整体提高。所以要培养高校教师文化素养，首先要改变教师“学”的观点，解决教师“学什么”的问题。提高高校教师传统文化素养的目的不是要通过知识碎片的机械记忆和简单叠加使教师在教育教学中成为更好的文化知识“搬运工”，而是要帮助教师学会如何通过深度学习达到文化观再构建，即深入了解中国文化血脉，汲取文化中的思想精华、人文精神和道德精髓，实现文化自觉基础上的文化认同和自信，完成教师自身文化观体系的整体塑造和再完善，最终实现教师在教育教学中“教”的转变。

二是重视教师已有经验。成人学习不同于儿童学习，成人带着已有经验进入新的学习情境，对成人发展而言，这些丰富经验是极具开发价值的宝藏。

当前各高校都十分重视教师文化教育工作，积极为教师提供各种学习资源和学习培训机会。从学校文化教育资源和技术环境看，教师可以很便捷地获取本校或校外专业机构制作的文化相关电子课程资源。网络在线课程也向学校师生开放，慕课、微课和翻转课堂的混合式教学模式得到广泛应用。但结合教师学习实际和对教师文化培训的调查分析看，现阶段高校在对教师传统文化素养培训中仍存在忽视教师工作经验和培训诉求的问题，表现为课程设置不合理，与教师专业教学联系少，缺乏针对性；培训项目单一，缺乏灵活性和系统性；专家讲座内容宽泛，缺乏深度，对教师吸引力不足；激励机制缺失，不能调动教师参加培训的积极性；学习材料脱离教师生活实际，不接地气；有的学校没有组织教师培训的专业机构来指导和统筹安排，培训效果大打折扣。

三是巩固教师学习的主体地位。批判性反思和理性对话推动成人走出迷茫困境并完成认知体系的转化，同时在批判性思维能力不断提升中构建完成学习主体性身份。这种主体地位的确立是成人最终抛开思维定式羁绊、实现自主发展的关键，因此，高校在提升教师传统文化素养中，应尊重教师学习的主体地位，积极搭建对话平台，使教师通过自身思维能力发展，完善文化价值体系。

四是建立完善的实践机制。批判性反思和理性对话指向认知的深度转化，转化性学习的最后一个阶段是将学习者形成的新认识付诸实践，因此教师通过转化性学习完善起来的文化价值体系也需要落实于实践，在实践中最终实现教师文化素养的提升。

在专业教学中融入系统的文化知识对已接受培训的教师依旧具有挑战性，他们在设计将文化价值观融入专业课程教学的同时，还要考虑其他诸多因素，如制作课件的素材是否能找到，学生对相关文化背景是否了解等，因此，高校有必要设立专门的教师传统文化素养培训机构，在统筹规划教师文化学习和培训的同时，为教师将文化教育融入课程教学提供全方位、全过程支持。

高校除了为教师的教学实践创设有利环境并提供协助外，还应追踪记录教师教学行为的变化，关注教师将学习成果付诸实践的成效，从制度层面引导和激励教师提升教学水平。由于行为层和成效层的变化结果较难测量且难以量化，教学管理部门需要建立教师文化教学实践评估体系，对教师外显的教学表现从教学设计与实施、教学资源利用、教学创新等方面进行多维度评价考核，综合评估教师在教学过程中是否补充、拓展了学生的文化知识并发挥了优秀传统文化的价值引领作用；是否为学生搭建了反思支架，启发和引导他们对外来文化有鉴别地加以对待。评估指标应体现转化性学习的关键要素：教师经验的积累、教师批判性思维在教学设计中的体现、教学情境创设等。教师传统文化素养和教学能力的提升是一个循序渐进的过程，教学管理部门可建立教师教学实践评价档案，包括督导听课评价、教师课堂教学反思、学生评教等，用形成性评价客观地评判教师传统文化素养提升效果。同时，教师的教学实践评价还应与学校的激励机制挂钩，以充分调动教师学以致用的积极性。

第七章　地域文化融入地方高校教育的平台和方法建设研究

影响地域文化融入地方高校教育的不仅有理念、主体、客体、项目等因素，还有所采用的方法和平台。本章我们将集中研究和阐释地域文化融入地方高校教育的平台和方法。

一、教育平台、教育方法的研究与阐释

(一)平台和方法

1. 平台

平台，一指供人们施展才能的舞台；二指为操作方便而设置的工作台；三指计算机硬件或软件的操作环境；四指进行某项工作所需要的环境或条件；五指通常高于附近区域的平面，如楼房的阳台、景观观赏平台、屋顶平台、晾晒平台等；六指供居住者进行室外活动的顶层屋面或住宅底层地面伸出室外的部分。

平台具有诸多功能。人存在于这个社会，想在社会中生活下去，必然要寻找一个平台，依靠这个平台赚钱养家，维持物资供应，乃至展现其精神生活。社会有着纷繁多样性，那么隶属于社会的各个工作平台也就有了纷繁多样性，这些平台以某种形态维持着社会的运转。人作为单一的个体，无论是出于对物质的需要，还是个性的爱好，从事着各种行业，这些行业就是我们每一个个体所隶属的平台。社会架构的层次性，造就了平台行业的层次性，同时也造就了每个人的社会层次性。

2. 方法

方法的含义较广泛，一般是指为获得某种东西或达到某种目的而采取的手段与行为方式。方法在哲学、科学及生活中有着不同的解释与定义。从广义上讲，方法是解决问题的条件。方法的本质是一个具有性质的框架，此框架的性质决定需要解决的问题怎样随着需要解决问题方面的能量改变而改变。不同方法相对于

解决问题的框架不同，所产生的效率也不同。

方法与手段有一定的区别：方法和手段是人们成功办事，或管理者实现管理目的的不可缺少的要素。由于二者在办事过程中所起的作用基本相同，因而人们常常把它们混为一谈。事实上，二者所表现的形式是截然不同的，一个科学的管理者应该将它们加以区分。

方法虽然也被人们称为活动的手段，但它不是物化了的手段，是人类认识客观世界和改造客观世界应遵循的某种方式、途径和程序的总和。因之，黑格尔把方法称为主观方面的手段。他说："方法也就是工具，是主观方面的某个手段，主观方面通过这个手段和客体发生关系……"英国哲学家培根则把方法称为"心的工具"，他论述方法的著作就被命名为《新工具》，认为方法是在黑暗中照亮道路的明灯，是条蹊径中的路标，它的作用在于能"给理智提供暗示或警告"。所以说，如果要把方法视为一种工具或手段的话，那只能将其看成由人的大脑智力扩展的一种工具或手段，即今天所说的软件，如指挥计算机进行计算、判断、处理信息的程序系统。

(二)教育平台和教育方法

1. 教育平台

教育平台，主要是指用于开展教育活动的场所、场地。从大的范围讲，教育平台可以是一个大学校；从小的范围讲，教育平台主要是指实体课堂平台和网络课堂平台。目前学界和实务界关注的三大教育平台主要有：一是课堂教育平台，二是网络教育平台，三是实践活动平台。其中，课堂教育平台是一种非常古老的教育学习平台，是开展课堂育人的平台，其改革建设已经进行多年。网络教育平台在我们国家于20世纪90年代兴起，发展到现在，已经成为人们生活、生产不可或缺的平台和载体。网络教育平台已经成为现在各行业、各单位和各个家庭都在使用的平台。实践教育平台已经兴起很多年，是开展实践育人的平台。

2. 教育方法

(1)教育方法的概念。教育方法是指在一定的教育思想指导下所形成的实现其教育思想的策略性途径，包括教师直接指向教育内容的教学方法、学生学习方法指导及学前教育和家庭教育的方法。教育方法是教育的客观规律和原则的反映和具体体现，正确地运用各种教育方法，对提高教学质量、实现教育目的、完成教育任务具有重要的意义。

(2)教育方法的意义。教育方法是教育的客观规律与原则的反映和具体体现。正确地运用各种教育方法，主要是以学生的个性特点为基础，将科学文化知识内化为学生素质，建立起学生认知神经系统及行为技能与习惯，最终形成学生生产生活和科研能力以满足社会需要的方法，对提高教学质量、实现教育目的、完成教育任务具有重要的意义。

(3)教育方法的思想讨论观。教育方法观是指人们在创造、设计和选择教育方法或教学模式的指导思想。教育方法是多种多样的，但是无论是何种教育方法，都是在一定的教育思想指导下形成的。下面介绍几种常见的教育方法观。

注入式教育方法观。注入式教育方法观在中国的封建社会及西方资本主义社会的早期非常流行。在这种教育方法观的指导下，教师从主观愿望出发，任意向学生灌输知识，无视学习主体——学生的能动作用，把学生视为被动地装知识的容器。教师在教育中仅起到现成信息的载体和传递的作用，学生则起到信息接收和储存的作用，抑制了学生的主动性和创造性，阻止学生独立思考，阻碍学生主体性和个性的张扬。在教育关系上，片面夸大教师的主导作用和主体地位，把学生看作教育的客体，否认学生的主体地位。强调教师的权威和领导决定作用。在教育与发展的关系上，把教育的目的归于掌握知识层面。在教育方法上，片面地强调教师外在的灌输，让学生死记硬背，教师不注重启发学生和教给学生学习的方法等。

启发式教育方法观。启发式教育方法观出现在奴隶社会，在中国集中体现在孔子的教育方法中，在西方以苏格拉底为主要代表。在中国，“启发”一词源于孔子的“不愤不启，不悱不发。举一隅而不以三隅反，则不复也”。后来朱熹将孔子的“愤悱”原理解释为“愤者，心求通而未得之意；悱者，口欲言而未能之貌。启，谓开其意；发，谓达其辞”。心求通而未得之意，即学生想弄明白某个道理，但是却弄不明白；口欲言而未能之貌，是指学生想说，但却说不出来、说不清的情况。孔子主张，在这种情况下，教师要帮助学生弄清道理、厘清思路，使学生能表达清楚。孔子启发式的条件是“举一隅而不以三隅反，则不复也”，即如果学生不能举一反三，则要另外选择其他的途径。苏格拉底是西方最早运用启发式教育方法的代表。他倡导的“问答法”，也称“产婆术”，主张教师不要把知识直接告诉学生，而应启发学生去思考，帮助学生自己发现和获取知识。

启发式教育方法观的主要有以下特征：

①主动性与创造性相结合。启发式教育方法观强调在生动活泼的教育活动过程中，激发学生的学习热情，调动他们学习的主动性，并在此基础上引导学生进

行积极的思维活动，促使学生对知识的掌握能够融会贯通、举一反三，实现学生学习的主动性和创造性的结合。

②外因与内因相结合。启发式符合辩证唯物主义内外因互相作用关系的原理。在教育过程中，学生既是对象又是主体。教师的指导和教育影响是学生学习的外因，而学生学习的主动性、自觉性及原有的认识水平等是学生学习的内因。教师的教这一外因只有通过学生的学这一内因的积极配合才能收到好的效果。启发式教育方法恰好是促进外因与内因有机结合的重要手段。

③心理与认知协调发展。知识的获得是一个积极的内化过程，知识的内化包括同化与整合。学习是学生头脑中认知结构的不断改造，处于某一发展阶段的学生所具有的认知结构总是他过去活动的结果。在开始新的学习时，学生总是运用已有的认知结构去同化输入的新信息，有些信息能同化，有些信息则不能，于是便在企图同化和能够同化的两种信息之间造成了矛盾，产生了认知结构内部的不平衡——认知冲突，这便成了学生心理发展的动因。学生的学习就是要不断解决认知冲突，建立新的认知结构的平衡。启发式教育方法正是要求教师从学生原有的认知结构出发，通过各种有效手段不断打破学生原有认知结构的平衡，不断激发学生新的认知需求，以促进其认知结构不断向前发展。

(4)新行为主义教育方法观。这种方法观源于新行为主义心理学的思想，是20 世纪 60 年代后兴起的一种教育理论，其杰出的代表人物是美国著名的心理学家斯金纳。斯金纳认为，教育的根本目的是改变学生个体的行为以达到改变社会中所有人的行为。他相信科学，主张严格的科学要应用于人的行为研究，由此被称为行为主义者。他的观点与以往的行为主义者不同，以前的行为主义者把人的行为的产生和形成完全归功于外界事物对行为主体的刺激，即当一个刺激出现时，行为主体将表现出一定的反应，即刺激 - 反应。而斯金纳认为，人的绝大多数行为，特别是人的学习行为，与刺激 - 反应的模式不同，而是由于人的活动（或者操作行为）与他周围环境出现的强化之间的耦合而逐渐形成的。

(5)人本主义的教育方法观。20 世纪，代表人本主义倾向的理论有罗杰斯、马斯洛等人的人本主义心理学，以及以萨特为代表的存在主义和以利奥塔为代表的后现代主义。无论是人本主义的心理学家罗杰斯、马斯洛，还是存在主义的哲学家萨特、后现代主义的哲学家利奥塔，他们最大的共同点就是对人的情感、需要方面的研究，他们关注人与人之间的关系，提倡尊重人的个性和差异性。人本主义的教育方法观从尊重人的个性出发，强调师生之间平等、和谐的人际关系，重视学生价值观及人格的形成，有一定的进步作用。但是，他们的这种方法观又过于强调学生的主动性和自觉性，在一定程度上忽视了教师的主导地位和作用，存在一定的缺陷。

二、加强地域文化融入地方高校教育的平台和方法建设的原因

加强地域文化融入地方高校教育的平台和方法建设有诸多原因。其中，当下地域文化融入地方高校教育的平台和方法建设不理想是原因之一；原因之二是地域文化融入地方高校教育的平台的方法不恰当。

地域文化再好再多，要融入高校教育，就必须借助一定的平台，这些平台包括课堂平台和网络平台。这两大平台对地域文化融入地方高校教育非常重要。地域文化要融入高校教育，除了要有平台外，还需要在这些平台上选择和采用一定的实施方法，也就是开展具体的活动。

就现状来看，当下地域文化融入地方高校教育的平台和方法建设现状并不理想。可以这样说，一些是形式主义，只是为了应对检查而开展工作，并没有形成常态化的平台和方法建设。

三、加强地域文化融入地方高校教育的平台和方法建设的改进对策

针对地域文化融入地方高校教育的平台和方法建设的现状，高校应该好好努力做好三大教育载体的建设：一是实体教育平台建设；二是网络教育平台建设；三是实践育人平台建设。在以上各个平台建设的基础上，做好现代教学方法的采用和传统教育方法的改革创新。

(一)加强地域文化融入地方高校教育的三大平台

1. 加强地域文化融入地方高校教育的实体课程平台建设，积极推动课堂教学革命

实体课堂教育平台是地域文化融入地方高校教育的主要阵地，应该按照高校教育要求、地域文化发展传播的要求和学生成长要求进行改革创新。实现高等教育高质量发展，需要在多个方面精准发力，其中，推进高校课堂改革是重要一环。课堂改革既是教学过程外在形态的转变，也是教学内在实质的更新。创造有利于推进课堂改革的内外部条件，必须持续用力、久久为功，持续激发动机、加强培训、建立机制、加大投入。

一是课堂革命表现为教学过程外在形态的转变。课堂教学是人才培养的主渠道和主阵地。现代高等教育体系形成之后，层出不穷的新技术不断改变着教学方

式，但始终未能取代课堂教学的主导地位。正因为如此，课堂教学状况往往成为人们直接观察一个国家或一所大学教育质量的窗口，也成为判断一个国家或一所大学教育水平的依据。教育教学改革及质量提升只有深入落实并体现在具体课堂中，才能算走完最后一公里。

改革开放以来，随着国家经济迅速发展，我国高校的办学条件日益改善、教育教学技术手段越来越先进，与发达国家的差距逐渐缩小。但是，当前高校的课堂教学仍然存在着课程体系较为单一、教学内容有待更新等问题。因此，高校要改变传统课堂教学方式，对课堂教学进行革命性改造，全面振兴本科教育，培养造就一流人才。

实现课堂革命，就是要实现课程和教学内容革命、教学过程和师生关系革命、考试与评价革命。在课程与教学内容上，做到直接经验与间接经验结合、理论与实践结合、专业教育与通识教育结合、产学结合、产教整合；在教学过程与师生关系上，做到师生互动、生生互动、启发诱导、教学相长，将多种教学方式方法结合；在考试和评价取向上，将一次性期末考试、终结性评价，变为结果评价与过程评价结合、一次考试与多次考试结合、单一评价与综合评价结合、绝对性评价与相对性评价结合、横向评价与自我增值性评价结合。

二是课堂革命是教学内在实质的更新。教师、学生、教学内容、教学手段是课堂教学活动的基本要素，对这些不同要素所持有的观点和看法不同，课堂教学结构形态、模式、功能及其效用也就不同。长久以来，传统的教学观念将教学活动单纯看作教师向学生灌输知识的过程，教师被视作传授知识的权威，学生则是被动受教对象。传统的教学观念和师生关系在很大程度上限制着学生学习的积极性和主动性。因此，实现课堂革命，必须从根本上改进教学观念。

教学的本质并非单纯传授知识的过程，而是通过知识实现人自由而全面发展的过程。在人的发展中，作为教学内容的知识是重要的“养料”和手段。同时，知识不是既定的、现成的和静止不变的，不是从书本或教师那里可以简单移植或注入学生头脑中的实体，而是在教学特定情境、师生双方特定交往活动之下，通过教学主体构建生成的创造物。生成性、平等性和差异性是教学过程的本质属性。因此，教学过程是教师与学生、学生与学生、学生与作者多重主体间构建生活世界的交往实践。我国古代教育家提出的启发诱导、教学相长等思想，已经触及了教学过程交往的本质。

三是创造有利于推进课堂革命的内外部条件。教学观念革新并不能自动自觉地转化为课堂革命实践行动，而是需要创造相应的内外部条件。创造有利于推进课堂革命的内外部条件，需要把握以下几个方面的原则。

首先是激发动机。通过各种形式和途径，加深学校管理者和广大师生员工对课堂革命重要性、必要性和紧迫性的认识，引导他们系统学习和深入理解当代教育教学新理论、新思想、新标准和新方法，认识到外部世界的新变化、新挑战和新要求。尤其是认同和接受学生中心、成果导向和持续改进的先进教学观，认识到自身教学与先进理念之间的差距，激发师生参与课堂革命的热情。

其次是加强培训。建立职前与职后结合、理论与实践结合、短线与长线结合、个体与群体结合、学校与社会结合的一体化培训网络。切实加强高校基层教学组织建设，发展高校助教制度、教研室集体研课磨课制度，规划和组织好教师发展中心建设，定期或不定期开展灵活多样的教师培训，学习教学理论，交流教学心得，分享教改经验。高校教师发展中心要承担起做好顶层设计引导教师专业发展、组织开展教师培训、引领教师教学改革、制定教学改革标准、搭建教师教学交流平台、评价教师教学改革成果的先行组织者和先进组织者角色。二级学院、专业和课程组要积极支持配合教师发展中心工作，在本单位本领域开展经常性、针对性和灵活性培训，促进教师专业发展制度化、规范化和常态化。高校之间要密切加强教师专业发展协作，建立教师发展和教学改革联盟组织，在更大范围和更高程度上促进教师发展专业化、科学化和有效化。鼓励社会中介机构和专业组织深入探索教师专业发展，培植先进成果，推广先进经验。强化教师教学改革、教师发展培训和交流的国际化。

再次是建立机制。随着高等教育普及化及研究生教育的发展，高校师资结构和素质发生了巨大变化。目前，多数高校中青年教师都具有博士学位。虽然教师的专业素质好、研究水平较高，但仍需要持续提高教学能力。对此，高校要加强系统化培训，要有专门时间、学程、课程规定以及具体考核要求；要建章立制，破除“五唯”，在职称评审、职务晋升、能力考评、荣誉奖励中，真正加大对教学态度、教学能力、教学风格和教学效果考察评价的权重，使教师有实实在在的获得感，进而使他们从内心上愿意为教学工作和提高质量做出更大努力。

最后是加大投入。教学改革需要全方位投入，既包括高校领导与师生的时间投入、精力投入、情感投入和品质投入，也包括物质投入和技术投入。因此，高校要加大教学经费和设备投入，切实改善教学条件、改进教学技术、改善教学环境，为实现教学现代化、信息化、个性化，建立良好的质量文化创造条件，加大教学改革支持力度和教学成果奖励力度。

需要指出的是，课堂革命具有长期性、战略性、复杂性等特征，不能图一时之功，必须持续用力、久久为功，要有长期思想准备。对教学工作、教学改革和培养创新人才，高校应有足够的耐心、恒心、责任心和宽容心。

2. 加强地域文化融入地方高校教育的网络平台建设

衡量网络教学有效性有三个逐级递进的层面：浅层上表现为学生参与网络教学的广度，中层上表现为教学交互的深度，高层上表现为网络教学的效度（包括师生、生生情感的沟通、价值观的调校和学习能力的提升）。网络教学是一种崭新的基于因特网的教学模式，其目标是通过现代信息技术为学生提供理想的学习环境，实现一种全新的学习方式，彻底改革传统教学结构与教育本质，从而培养出大批创新人才。近年来，为响应教育部提出的高校精品课程建设的号召，全国各高校纷纷在网上建立各专业课程的网络教学平台。在网络教学平台的建设中，高校对硬件设施的配置非常重视，并为教师提供了一定的技术支持，教师本身也为此投入了大量的时间和精力。但是，由于广大非计算机类专业教师对网络教学的理论研究存在不足，导致网络教学在实践应用方面不够深入，网络教学的有效性亟须进一步提升。

一是提升网络教学有效性的三个层面。网络教学模式主要分为基于局域网上的教学模式和基于互联网上的教学模式。高校精品课程建设中的网络教学平台主要是一种基于互联网上的教学模式。这种模式的教学流程是教师把教学资料挂在网络服务器上，学生通过注册登记，访问教师的网络站点。这种模式的主要特点是教学双方均不受时间、空间的限制，学生通过互联网不仅可以选择自己喜欢的教师，而且可以随时浏览网络上丰富的学习资料，还可以参与教学过程中的提问、发言。高校教师在进行网络教学平台建设的过程中应根据网络教学不同的教学模式，围绕这三个逐级递进的层面，针对网络教学具有时效性、共享性、交互性和个别化等特点，以科学、合理的实施程序和灵活、恰当的策略为保证，激发学生自主进行网上学习，全面提升学生专业素质和创新能力。

二是以最优化的教学资源配置拓宽学生参与网络教学的广度。学生参与网络教学的广度是提升网络教学有效性的起点和基础。网络教学平台不像课堂教学那样对学生有强制性的约束力，因此怎样提升网络教学平台对学生的吸引力，引起学生的学习兴趣，拓宽学生参与网络教学的广度，是参与网络教学平台建设的教师首先和必须考虑的问题。为学生提供最优化的教学资源配置主要包括两个方面的内容：第一，作为专业教师要具备深厚而广博的专业知识，并掌握一定的计算机运用技术，在此基础上为学生提供最专业、最科学、最前沿的课程教学资源；第二，教学资源的配置要充分考虑到教学对象的需求，满足学生在学习过程中的实际需要。在网络教学模式下，教师可以借助多种途径为学生提供多样化的教学资源，除了在网络服务器上挂教学课件、教学视频及其他与课程相关的教学资料外，教师还可为学生提供一些与其专业相关的优秀网站和专业论坛，鼓励学生浏览专业网站，参与各项专业活动，以拓宽学生的专业视野，提升学生的专业素质。当然，最优化的教学资源的核心还是学生对教学资源的需求情况，教师可针对学生在完成平时作业、课程实践过程中存在的问题等精心准备相关资料或课件，帮助学生完成对这些难点问题的学习。为准确了解学生的需求，教师还可利用网络对学生进行问卷调查或在论坛中与学生进行讨论与沟通，及时把握学生对网上资源的需求动态及对资源质量的评价，据此及时建设、整合与配置网络教学资源。总之，网络教学资源配置要达到最优化，必须随时根据教学需要对课程资源进行补充、更新，以实现动态生成性；要既能满足学生的共性需求，又能满足学生的个性化需求，以实现针对性；教学资源要让学生根据自身学习需求进行选择性学习，以实现可选择性。

三是以丰富深入的网络教学交互加强教学的深度。网络教学交互是网络教学的重要内容，是确保网络教学有效性的核心。网络教学以计算机和互联网为基础，为用户提供了强大的交互支持，包括电子邮件、网络论坛、腾讯 QQ 等，这些交互工具的功能和特点不尽相同，教师可以根据需要，灵活选用这些工具以实现与学生之间的实时交互或非实时交互。

3. 加强地域文化融入地方高校教育的实践教学平台建设

根据地域文化融入地方高校教育的需要，积极进行各类实践教学平台的建设和开发使用。这方面可以多借鉴专业课的实践教学平台建设的经验。

一是实践教学平台的建设目标。实践教学平台的最终建设目标应以学生实践技能的提高为根本导向。这要求在实践教学平台的建设中坚持校企合作、坚持以赛促教。在具体实践课程中需多采用项目式教学法来构建学生的综合知识体系，并通过实操式的实践教学方法来调动学生的学习积极性、提高学生的实践动手能力。实践教学平台的建设目标是让培养的学生能够掌握扎实的专业实践原理和基本实践技能，具有较强的分析设计能力、实践动手能力和创新意识，让实践教学平台实现“全程育人”的实践教学效果，确保毕业生能够依靠自身较强的实践技能“尊严、体面”地进入社会。

二是实践教学平台的体系架构。从综合性角度出发，高校实践教学平台可在整体角度上整合为两个方向的架构。一个是由“专业基础实践课 + 专业方向实践课 + 第二课堂活动”组成的横向实践教学体系，该体系可以满足专业学习中

“理实合一”的实践教学要求。另一个是由“基础层→提高层→创新层”这三个层次组成的纵向实践教学体系，该体系能够满足专业实践能力“螺旋式上升”的实践教学要求。

横向实践教学体系。横向实践教学体系的三个模块由“专业基础实践课 + 专业方向实践课 + 第二课堂活动”组成，该体系可以利用互联网、多媒体等现代教育资源和手段增加辅助性的实践教学内容，并采用多种形式的实践教学方法，设计实用性强的综合实验项目，开展多角度、全过程的实践教学工作，激发学生的学习兴趣与积极性，培养学生自主分析问题和解决问题的能力。

除此之外，实践教学平台中还应包含丰富的第二课堂和大赛活动。应通过多层次、多渠道、多形式、多角度的第二课堂和大赛活动来丰富学生的知识面、提高学生的参与度、增强学生的团队协作精神和创新能力，实现实践教学中的强素质、创特色、树形象、讲协作、求创新，全面落实“以德树人”“三全育人”的精神。从第二课堂的师生结合方面看，可以由教师与学生共同组建各类实践型社团，在开展社团活动时，充分发挥教师“导师”身份的辅导、引领作用，尽量丰富学生第二课堂中的实践学习内容，提高学生的创新创业意识，增强学生提高专业实践能力的积极性。

为提高实践教学平台的使用效率和为培养创新人才搭建全方位的实践条件，高校还应该在完成课后实践作业、学生项目申报、各类学科竞赛辅导、专业实践兴趣小组学习等方面坚持实践教学平台的实验室开放政策，以全方位、持续性地为提高学生实践能力、创新能力创造条件，促使学生形成良好的自主学习风气。

纵向实践教学体系。纵向实践教学体系的三个模块由“基础层→提高层→创新层”构成，这三个层次之间是一种多元化、递进式的“螺旋式上升”关系。该纵向实践教学体系能够实现输入实践知识、消化实践知识、应用实践知识的全过程，它将贯穿于学生大学专业学习中的各个阶段。纵向实践教学体系的基础层仍由专业基础课对应的实践课程组成，将为学生提供扎实的专业实践基础训练，构建完善的实践专业能力基础结构。在基础层的基础上，为了培养复合型的专业应用人才，在高年级课程中开设的专业核心课对应的实践课程组成了纵向实践教学体系的提高层。该模块中的实践锻炼内容更具复杂性、专业性和综合性，它们将进一步提高学生的专业实践应用能力。在纵向实践教学体系的创新层中，应开设相关综合技能训练类的综合性实践课程，力求在高年级专业核心课当中打造一门对应的应用型实践“金课”，并以此课程带动校内外课堂实训。另外，纵向实践教学体系的创新层还应以理实合一、求新求变、全面发展为具体的目标抓手，进而对外依托企业、政府等资源，将校外资源引入校内，科学合理地设计创新层的实践课程体系，以进一步开展毕业设计、第二课堂及相关创新创业活动。

三是实践教学平台建设包含的内容。

①实践教学考核。实践教学考核对于实践教学平台建设的反馈、调整和改进具有重要作用，它甚至关系到实践教学平台最终的建设和运行效果。首先，实践教学的考核与评价结果应纳入高校教师的年度绩效考核中，具体考核过程可由学校分院院长全面领导、由分院教学副院长负责，成立实践教学考核小组，对各专业实践教学活动的教学情况、过程管理、课程考试、实践教学基地管理以及实践教学人员的实践技能等方面进行全面考核和评价。实践教学考核应以学院领导、教师（包括企业指导教师）和学生为主体，考核范围应涵盖校内所有工科专业教学中的所有实践环节和所有实践内容。

②实践教学基地的建设。实践教学平台为实现“寓创新于实践，在实践中体验创新”，培养“理实合一”的新工科应用型专业人才的目标，应依照“实用为主、够用为度”的原则，建设校内外专业实践教学基地。对于校内实训基地，应遵循“资源整合、平台共享”的原则开展综合建设，基于目前已有的校内各专业实验室，共享实验设备、资源和人员，整合实验课程开课时间，实现全部课内实践课时的高质量教学。对于校外实习基地，在建设时应遵循数量上“少而精”的原则，追求校企深度合作，并进一步健全协同育人机制；与企业协力打造符合专业技术发展现状的校企合作平台，为“校企共建一门课、校企共建一个实习基地”奠定基础，为学生提高实践动手能力、增强专业知识综合应用能力提供有力的保障平台，从而帮助毕业生铺就一条畅通无阻的实习就业之路。学生在校外实习基地开展的实习活动是学生进入社会之前进行的一个模拟未来工作环境的实践性学习活动，该活动将大学所学的理论知识与实际应用相结合，通过在实习中提高实践性认知，增加实践经验，找出理论学习中的不足之处。学生通过在这样的实习工作中不断学习、反复推敲和总结，可以从中积累宝贵的实践经验，为将来的就业和创业打下良好的实践基础。

③实践教学师资队伍建设。要培养“理实合一”的复合型实践人才，就必须建立一支能实现相关实践教学要求的高水平实践师资队伍。要教授学生实践技能，首先要求教师自身能够熟练地完成实践课程内容的操作程序。实践操作教学不同于理论知识讲授。对理论知识进行讲授时，不同教师的讲授方式、讲授效果可能会不尽相同，但实践项目的实验结果一般是唯一的，实验操作取得的结果通常也只有正确和错误两种。要保证教师能将复杂的实践项目一次操作成功，可能需要教师付出比理论知识讲授还要多的备课时间与精力，以保证能够熟练地完成教学演示环节任务。另外，虽然正确的实践结果是确定且可重复的，但学生在进

行实践学习时，可能会出现各种不同的错误。这就要求教师除了能够完成实践项目操作之外，还要熟悉各类错误出现的原因，以能够指导操作错误的学生改正错误，实现正确完成实践操作过程、提高实践动手能力的目的。在提高实践教学平台的综合教学能力方面，可以通过校内教师进修、培训、企业挂职锻炼等方式提高“内功”，也可以通过引进企业人员进课堂、企业家进校园，举办专题讲座，校外专家在线教育等方式扩大“外引”，以内外通力合作打造一支实用型实践教学师资队伍。另外，校内实践平台团队教师还可以通过考取相关专业职业资格证书或通过企业挂职锻炼，从而具备一定的“双师”能力，使这些“双师型”教师能够更好地在专业实践教学、实习实践、学科竞赛和第二课堂等活动中起到引领带头作用。

④实践教材建设。根据高校的学情特点，需要具有针对性地编制与实践课程对应的实践教材或实验教学指导书。这些实践教材或实验教学指导书的编写要遵循兼具知识性与操作性的原则，既有相关原理性知识的系统阐述，又有对实验项目实践经验的深入总结；既有对实践教学内容和步骤的详细说明，又有对现实案例讲解剖析的综合指导。其内容应涵盖：专业所有实践教学内容；所有实践教学环节（包括实验、实训、实习、毕业设计或实践报告、社会实践、创新创业训练等）。其体例应包括：实践教学大纲、组织实施计划、实践教学内容、考核方式等内容。另外，为了保证上述教材理论和实践的综合性，突出实际可操作性，实践教材编写人员应由校外行业专家和校内专业教师联合组成。

(二)加强地域文化融入地方高校教育的方法建设

教无定法。一般说来，教学方法大致可以分为理论教学方法、网络教学方法、实践教学方法等三大板块。理论教学方法，主要是指向高校课程教学方法的改革创新。网络教学方法，主要是指向教学信息化、智能化的开展情况。实践教学方法，主要是指向实践教学平台上可能采用的教学方法。

1. 在教学方法的功能上，由“授人以鱼”转为“授人以渔”

知识信息的海量增长、学习型社会的到来、高校毕业生就业的不确定性、今后职业变换的可能性等决定了高校教学的成败不能以知识传递多寡为衡量标准，而要教授学生学习、研究的方法，增强学生的知识迁移或应用意识，培养学生的问题发现、分析和解决能力。因此，要转变以教授、知识传递、灌输为主的教学方法，采用在传授知识的同时，注意发展、培养学生的能力，加强学习方法与研究方法的指导，以提高学生的学习能力、实践能力与创新能力为重点，发展学生的应变能力，从而增强学生的适应性和创新性。

2. 在教学方法的指导思想上，由注入式发展为启发式

我国高等教育要培养高素质的专门人才和拔尖创新人才，学生不是被动接受知识信息的容器，他们必须主动构建知识，必须全身心地投入学习、主动地学习，而教师必须启发、引导学生学习，因而应废止注入式的教学方法，以启发式的教学方法代之。教师要教学生学会思考、发现、理解、生成，建立知识之间的逻辑联系，找到知识与生活、将来工作等之间的关联性。将教法与学法相结合，由重“教”轻“学”转到重“学”，探索、采取有利于学生掌握知识、发展能力、培养情感或个性的教学方法。在教学中让学生学会学习、研究的方法，培养学生的自主学习、创新学习的能力，提高学生学习活动的独立程度与水平，提高学生学习的效率。

3. 教学内容优化和教学方法改革相结合

教学内容是教师教学的载体，也是师生授受、生成、创新的基本素材，即使用最好的教学方法去教陈旧、无用、缺乏意义或价值、模糊、混乱的教学内容，也不会有理想的教学效果。因此，教学方法改革必须与教学内容优化相结合，在构建科学合理的教学内容和课程体系、建设精品课程、优化课程教学内容等基础上，实施教学方法的改革。

4. 重视非智力因素的作用

当代心理学、教育学理论研究表明，智力因素与非智力因素在教学过程中紧密联系、相互作用。非智力因素主要包括理想、情感、意志、性格、气质等，这些因素虽然不直接参与学生的认知和学习活动过程，但它们是学生智力活动的精神支柱和学习过程的动力系统，因而可以调节教学活动，使之顺利进行。

5. 现代教学手段（如多媒体）的有效应用

在当今科学技术迅速发展和知识信息量猛增的形势下，传统的教学手段已不能完全适应现代教学的要求，只有采用更加科学、更加现代化的技术设备为教学服务，才能有效提高教学质量，完成培养人才的任务目标。

6. 教学模式的改进

在教学过程中，教师要重视学生的实践动手能力。在理论教学过程中，需要重视学生的主体地位，强调师生互动，不能一味地给学生满堂灌，不顾及学生的听课感受；在实验教学中，由于实验内容对教师和学生有着较高的要求，这就要求在教学模式改革中倡导以教师为主导，以学生为主体的师生互动的教学模式。在野外地质实习过程中，要培养学生化探采样、肉眼观察、样品标记和样品加工处理等一系列的专业实践技能，提高学生课堂理论知识与野外实践相结合的能力。

第八章　地域文化融入地方高校教育的保障条件和督导体系建设研究

推进地域文化加入高校教育这项系统工程，不仅需要理念、主体、项目、平台与方法等的建设，还需要相当的保障条件和督导检查机制的建立健全。本章将主要研究将地域文化融入地方高校教育需要做好的保障和督导工作的相关问题。

一、保障和督导的基本知识

（一）保障与保障体系

1. 基本概念

保障是指作为社会成员之间在某种意义上的交互动态的有限支撑和支持。比如：基本生存、基本生活、基本医疗、就业、失业、阶段性的义务教育、基本养老、居住条件、安全、正当正义的言论自由等。它需要建立在全社会的文明和财富逐步地增加和法治建设逐步完善中来实现。

保障体系是指由保护、保证等手段与起保护作用的事物构成的可持续发展支撑体系。

2. 举例说明

一是军事保障与战斗保障。保障军队安全、顺利遂行机动和战斗任务所采取的措施。主要包括：侦察、警戒、工程、伪装、电子对抗、气象、水文和对核、化学、生物武器袭击的防护等保障。海军、空军还有其特有的战斗保障。

战斗保障的内容是随着武器装备和战术、技术的发展而不断发展变化的。在古代战争中，中国就有派斥候进行侦察、警戒，设亭障观察、瞭望，置烽火进行报知等。随着军队技术装备的发展，一些国家的军队逐步有了工程、伪装和气象等保障。第一次世界大战期间，战斗保障方面增加了防空、防坦克和防毒等。第二次世界大战中，战斗保障方面增加了防空降。随着飞机、坦克的大量使用，防空、防空降、防坦克变为战斗行动的组成部分。导弹、核武器及新的电子器材装备军队后，对核、化学、生物武器袭击的防护和电子对抗，又成为战斗保障的新内容。军队在战斗、行军和宿营时，都要全面、及时地组织战斗保障。基本要求是：周密地制订计划，明确规定战斗保障的任务和使用的兵力、器材，并根据战斗情况的变化，适时调整或补充；集中主要力量保障主要方向和执行主要任务的部队；以专业兵保障与部队自身保障相结合，使用制式器材与就便器材相结合，控制预备保障兵力和节约保障器材，并积极取得地方部队和人民群众的配合与支援。随着核武器、精确制导武器、电子技术和激光技术等的发展和运用，战斗保障不断增加新的内容，所担负的任务也越来越艰巨。

二是社会保障。社会保障是以国家或政府为主体，依据法律，通过国民收入的再分配，对公民在暂时或永久丧失劳动能力以及由于各种原因而导致生活困难时给予物质帮助，以保障其基本生活的制度。其本质是追求公平，责任主体是国家或政府，目标是满足公民基本生活水平的需要，同时必须以立法或法律为依据。现代意义上的社会保障制度是工业化的产物，以 19 世纪 80 年代德国俾斯麦政府颁布并实施的一系列社会保险法令为标志，经历了发展、成熟、完善、改革等不同时期，各国根据各自的政治、经济和人口环境等因素，形成了各具特色的社会保障制度模式。中国的社会保障制度主要包括社会保险、社会救助、社会优抚和社会福利等内容。2022 年全国两会调查结果出炉，“社会保障”关注度位居第三位。从新华社联合百度发布的《大数据看 2022 年全国两会关注与期待》中发现，社会保障等十大话题最受关注。

三是一般的工作保障。主要是指向开展一项行动需要的保障条件，一般分为物资保障和制度保障。就物资保障而言，主要包括必要的人力保障、物力保障、财力保障、制度体系保障。就制度保障而言，主要包括针对一项工作的国家方面政策出台供给以及工作本身所在行业、单位能够进行的制度建设问题。

（二）督导

1. 基本概念

督导，顾名思义，就是监督与指导。这个词最早来源于家电行业，它是由机构内资深的工作者对机构内新进入的工作人员、一线初级工作人员、实习学生及志愿者进行监督与指导。郭沫若《洪波曲》：“就因为这些都是我们的朋友，所以我们才有胆量，接受中制的业务督导。”吴组缃《山洪》二八：“本保里是唯求戚主任和各位官长指示督导，他做保长的无有不切实遵行的。”督导的分类很多，就学校而言，有教学督导、科研督导和其他督导，就其他部门来讲，也有督导。

2. 教育督导

教育督导，也称“教育视导”，是教育领导机关代表国家行使检查、督促的职责，对下级机关及各级各类学校的工作进行视察、监督、指导的活动。教育督导可以使领导机关掌握各级教育事业发展的实际情况，为决策提供可靠依据，并能起到协助基层改进工作，提高教育、教学和管理质量的作用。

2009 年公布的《国家教育督导条例（征求意见稿）》把教育督导分为综合督导、专项督导。在基层督导工作中，有时会对辖区内的教育机构（学校、幼儿园）开展随机性的督查活动，被称为随访督导。综合督导与专项督导是按督导原则和标准，使用科学方法，对教育行政工作和学校工作通过观察、调查和考核，做出分析和评价，指出优点和缺点，并提出积极的修改意见，使教育工作质量不断得到提高。从另外角度说，教育督导指行使督导职权的机构和人员，受本级政府或同级教育行政部门的委托，依据国家有关教育的方针、政策和法规，对下级人民政府的教育工作，下级教育行政部门和各级各类学校的工作进行监督、检查、评估和指导，以保证国家有关教育的方针、政策、法规的贯彻执行和教育目标的实现。就高等教育的督导来说，推行教育督导制具有更多特殊的意义。

要明了教育督导，具体地说就是要明了教育督导的职能与任务。教育督导机构是一个职能部门，它的职能并不是单一的，主要包括监督、指导、评估和反馈四个职能。

一是监督职能。监督是指上级对下级的监察和督促。监督职能是教育督导机构最核心和最能体现这一机构本质属性的职能。其目的在于使下级部门能迅速、有效、准确、积极、主动地贯彻执行教育方针及各级政策，完成教育、教学和教育管理等方面的工作任务。没有或者削弱了这一职能，教育督导机构就失去了存在的意义，或者根本不能正常地发挥作用。教育督导机构行使监督职能必须依据国家有关的教育方针政策、法律、法规、指令、规章和制度，绝不可受任何个人的主观意志所左右。

在我国，人们习惯于“按文件办事”，而各级政府的文件又没有明确的法律效应，加之缺乏强有力的监督系统，所以，人民群众也包括相当多的干部缺少法制观念。同时，由于法制观念淡薄，我们虽然制定了一些法规，如《义务教育法》《高等教育法》《教师法》等，但在执行过程中遇到这样或那样的问题，仍会削弱法律的约束力，出现有法不依的现象。建立健全的教育监督机构、加强监督职能，正是与法制建设同步进行的重大改革措施。

教育督导机构及其成员，是代表政府和教育行政部门执行行政监督职能，犹如“教育钦差”，检查和督促下级政府和行政部门以及所属学校全面正确地贯彻党的方针、政策、法令、指示和计划的情况，使执行不偏离决策，从而保证管理目标的达成。从这个意义上讲，教育督导机构乃是决策机构和执行机构在实现管理目标时最有力的助手。众所周知，任何管理系统都是分层次的，原因之一就在于管理能力的覆盖面是有限的，决策者和执行者虽可亲自开展调查研究，并对下属实行监督，但毕竟不可能经常离开机关、长期在基层工作，而教育督导机构正是代表政府行使监督职能的。

教育督导机构的监督职能具有不可替代性。这一点从教育督导的对象、内容和工作重点就可以明确看出来，如可以监督下级是否把发展教育事业放在突出的战略位置，主要领导是否亲自抓教育工作，是否把解决教育的有关问题列入重要议事日程，是否把教育发展目标列入领导成员的任期目标，是否把发展教育事业纳入当地经济发展的总体规划，是否按教育规律、教育方针政策办事，是否坚持学生的全面发展，是否根据中央决定的精神，结合本地的实际制订教育发展规划，而不是照搬其他地区的做法，是否积极筹集教育经费、增加教育投入、挖掘内部潜力、提高教育经费的使用效益等方面，这些都表明监督职能的重要性与不可替代性。

二是指导职能。指导是指上级对下级工作方面、工作内容和程序以及工作方式方法给予具体的指教和引导。行政监督历来可以凭借权威和法律的静态功能来实现，现代社会的发展趋势已逐步走向以指导、激励辅助等动态为主，十分重视发挥人的潜在积极性。二战之后，世界上许多国家对教育督导工作进行改革，其内容之一，就是扩大教育督导机构的指导、建议职能。从督导工作的过程来看，指导是其中重要的一个环节，成功的指导是以事实调查和基于事实所做的评价为依据，以督导人员与被督导人员之间相互信任为前提。

教育督导机构及其成员对下级实行行政监督，不能仅仅凭借手中的权力和法纪，因为权力和法纪虽然在管理过程中是十分重要和十分必要的，但这一种管理功能是静态的、刻板的，对于提高管理效能来说，更重要的是通过对下属的积极、热情的态度和有针对性的具体帮助指导，发挥其动态功能，特别是在我国当前社会主义市场经济条件下，监督部门应特别重视通过帮助和指导激励下属充分发挥其潜在的积极性和主观能动性，切不可以“钦差大臣”自居，到处指手画脚，甚至盛气凌人。督导工作的成败在于督导主体与督导对象之间的相互信任、相互理解、相互支持，做到目标一致、心理相容。督导人员应当是下属的良师益友，不应该把监督与指导分离开来，更不应该将它们对立起来，要永远记住：监督本身并不是目的。我们组织教育督导，是要使它成为提高教育管理水平和教学水平的强有力手段，成为管理与教学过程的调节者。

这一职能的体现也是十分明确的，如指导学校的教职工队伍的建设，指导教育政策、方针的实施，指导如何努力改善办学条件，指导借鉴其他国家、地区的先进教育、教学经验等各方面，使这一职能积极付之于行动之中，使教育督导工作得以完善。

三是评估职能。教育评估也称教育评价，它是一门新兴教育科学，是当代教育科学研究的三大领域之一。所谓教育评估，是依据一定的教育目标，利用相应的、现代化的教育统计和教育测量手段，对教育对象进行价值判断的过程。

从现代教育行政管理的观点和发展趋势来看，积极开展教育评估价，对于提高教育管理质量、贯彻教育方针政策和推动教育事业的发展有着巨大的作用。教育评估的内容是很广泛的，概括起来主要有：对教育行政部门管理水平的综合评估、对教学工作的评估、对学生的学习态度与学习质量的评估。

教育督导评估乃是教育评估系统中的一个重要组成部分。科学的教育评估对于确定正确导向、端正教育思想、促进教育改革、加强科学管理、实现教育整体优化、提高教育质量和办学效益、充分调动广大教育管理干部和广大群众的积极性，都具有重要意义。教育督导机构的督导人员要努力发挥在这一方面的职能作用，并要善于与有关部门协作、配合，建立系统的教育评估制度，积极发挥协调作用和应有的骨干作用。

教育是一项社会实践活动，它的活动结果在一定程度上满足社会的政治、经济和文化发展的需要，因而也就构成了教育的政治价值、经济价值和文化价值。这些价值总和就构成教育的社会价值，教育评估就是对某些教育活动的社会价值做出科学判断，从而推动教育活动的不断发展。教育评估不同于以往我们所做的对教育活动的评比和鉴定，它有一套较为完整的理论体系和检测方法。教育评估作为一个系统，其功能是多种多样的，概括起来，主要具有导向、激励、改进和鉴定等功能。如导向功能主要指评价目标一定要有方向性和客观性，通过评价的引导，可以为学校指明办学方向，为教师和学生指明教与学的奋斗目标；通过评价过程不断反馈调节，可以使学校领导、教师和学生不断逼近理想目标。激励功能主要是指评价及时反馈的功能，通过评价及时获得教育结果的信息，及时强化、调节和矫正，使教育教学过程、教育方案和教育结果不断完善和提高。鉴定功能主要指对教育效果进行价值判断，通过比较、区分和评定等级，为确定、筛选和管理服务。教育评估是教育督导机构对下级行使监督的重要手段，它对实现教育管理的科学化，提高管理水平和提高教育质量具有重要意义。

四是反馈功能。反馈在控制论中是一个非常重要的概念。反馈是指一个系统输出的信息作用于被控对象后所产生的反应，再把这种反应作为信息收回，并对控制系统的信息再输出发生影响的过程。

教育督导系统被视为教育管理的反馈系统，也就是说，教育督导机构人员通过反映下级教育部门、教育工作者的意见和要求，实现上级各项方针、政策、指令任务、执行情况以及方针政策本身问题的“反馈”。反馈是检查决策（包括方针、政策、指令、任务等）是否正确、执行是否有效的依据。与此相联系的一个头号问题是，教育督导机构及人员在分析反馈信息的基础上，通过向教育行政部门、学校领导及教师提出意见和建议，实现其参谋职能。

在教育督导系统内，指挥中心发出指令，下属执行系统的实施情况，乃至指令本身是否正确，都能通过反馈系统直接了解，从而形成一个封闭的管理回路。反馈是架设在原因与结果之间的“桥梁”，它使事物的发展与周围环境处于动态的统一之中。如果决策有失误，可进行追踪决策，及时纠正；如果决策是正确的，但执行出现偏差，也可及时调控，拨正航向。督导人员在信息反馈的过程中，起着独特的和不可替代的作用，这是由于一方面他比较超脱，看问题比较客观；另一方面他不是简单的传声筒，而是遵循一定的程序、原则、途径和方法，采集、鉴别和筛选取第一手材料，并加工、制作和传递真实有效的情况。充分发挥督导机构的反馈职能，能使领导者耳聪目明，运筹帷幄，指挥若定。

现代国家管理的一个显著特点，就是广泛地设置专家智囊机构（有的称为咨询机构），一切重大决策都必须通过科学论证，从中选取一个最佳方案。教育督导机构就是政府和教育行政领导的智囊团和参谋部，是领导的“外脑”。督导人员既有行政职权，又有相当高的业务水平；既在领导身边工作，又在基层巡视；既明上意，又知下情；既有理论指导，又有实践经验，能充分发挥督导机构的咨询、参谋作用，可使领导情况明、决心大、决策准。从目前我国这种决策缺少充分论证，执行缺乏广泛监督的管理现状来看，充分发挥教育督导机构的反馈职能就显得十分必要。

以上的四种教育督导机构的主要职能，是一个统一的整体，要督导结合，既要督，也要导，并以正面指导为主，“监督、检查、评估”都是为了做指导工作，是“指导”的前提和基础；“指导”是“监督、检查、评估”的深化和集中体现，督导的最终目的就是指导被督导的单位把工作做好、把学校办好。

由此，在教育督导过程中，只有充分发挥其整体功能，才能更好地发挥教育督导机构的效能，这四方面缺一不可，不能断节，否则就会产生工作中的严重失误。

二、加强地域文化融入地方高校教育的保障条件和督导体系建设的原因

加强地域文化融入地方高校教育的保障条件和督导体系建设，主要是基于以下因素考虑：一是保障和督导具备相当的作用；二是现有的保障和督导情况不理想；三是中华文化建设需要大力加强相应的保障和督导条件。

（一）保障和督导本身的作用

保障和督导对地域文化融入地方高校教育具有重要的推动作用，具有不同层面的重大意义。其中，保障这个要素能够为地域文化融入地方高校教育提供基本的人力、物力、财力的保障，提供基本的制度保障，这些保障都是地域文化融入地方高校教育的基本条件。督导这个环节和要素，主要是从质量要求和效果督查这个角度推动地域文化融入地方高校教育中。这个环节首先需要做好质量评估体系的构建，然后促进督导体系的建设和运行。

（二）现有保障和督导情况不理想

一是保障条件滞后。高校课程思政是思政融入高校教育的重大教育改革创新工程，这些年取得很多成果，在保障条件上做了大量工作，相应的人力、物力、财力的保障基本逐渐跟上，制度保障也在逐渐完善。与之相比，地域文化融入地方高校教育的保障条件情况就不理想了，可以这样讲，没有进行专门的人力、物力和财力的安排保障，很多高校将地域文化融入地方高校教育仅仅限于个别学科，比如思政课程、文学课程和其他课程等。从制度安排上看，高校教育缺乏融入地域文化的专门的制度安排和供给，导致其制度化运行不足、常态化发展制度动力严重不足。

二是督导体系缺位。高校课程思政的开展，得益于其从国家到学校一套督导体系的建设和运行。与之相比，地域文化融入地方高校教育这项工程缺乏专门的行动质量评估指标体系和实际运行的督导检查体系，导致地域文化融入地方高校教育这项工作的标准化引领不足，质量得不到有力保障。

（三）地域文化建设需要大力加强各项保障和督导

地域文化作为中华文化体系的重要部分，其重要性关乎整个中华文化的发展壮大。推进地域文化建设不仅仅是进行文化建设，还需要大量的配套工作要做。比如一定的人力、物力、财力的保障是必需的，专项的制度建设也是必要的，同

时督导建设的质量运行也是必要。在推进地域文化融入地方高校教育的过程中，地域文化建设的保障和督导就显得更加必要了。

三、加强地域文化融入地方高校教育的保障条件和督导体系建设的对策

(一)加强地域文化融入地方高校教育的保障条件建设

积极推进地域文化融入地方高校教育是一项系统工程，需要很多的保障条件。首先一个前提的保障工作，就是要梳理清楚融入哪些地域文化。要发动学校相关力量，对地域文化所有资源进行整合，构建地域文化的学校资源库，电子和纸质的库存都应该具备。

在推进地域文化资源库建设的同时，高校教育融入地域文化时，要对相关教师进行培训和安排引导，以便提供必要的人力资源供给；还要进行地域文化融入地方高校教育的相关平台建设，包括网络平台、实体平台建设以及必要的场地场所等的供给；同时，还需要划拨一定的专项经费支撑，以便及时添置必要的物资设施和人员费用的开支。在这些保障之外，还要针对地域文化融入地方高校教育的实际情况，制定一套指标评估体系，力求覆盖地域文化融入地方高校教育的各个环节和方面，以便推动地域文化融入地方高校教育标准化运行。

(二)加强地域文化融入地方高校教育的督导体系建设

要真正推进地域文化融入地方高校教育，还需要建立起与其他学科教育的教育督导体系。这就涉及高校教育督导应该进行及时完善和改革创新，将地域文化融入地方高校教育与思政融入高校教育一样，构建专项的教育督导体系。

一是成立专门的地域文化融入地方高校教育的督导检查机构，配齐相关专业人员和地域文化工作者。

二是制定完善地域文化融入地方高校教育的质量评估体系。这个体系要对照其他学科教育过程的要求，力求站得高和看得远，高标准构建地域文化融入地方高校教育的质量评估体系，以此推动地域文化融入地方高校教育科学化运行。

三是健全地域文化融入地方高校教育的多维度评价，将学生评价、社会评价、教师自评、督导机构评价一起纳入评价体系的构建之中，形成对地域文化融入地方高校教育的立体式评价网络，以此推动地域文化融入地方高校教育奋勇向前。多维度评价体系是做好教育工作的强有力抓手，地域文化融入地方高校教育应牢牢把握这个抓手，根据地域文化融入地方高校教育的实际情况和需要，学习

相关学科的教育督导体系，以现代大学治理的视角，积极开展教育督导体系的改革创新和高质量发展，力求构建起覆盖地域文化融入地方高校教育各个环节和要素的教育督导体系和机制，以此给地域文化融入地方高校教育提供强大的持久推动力。

四是构建督导评估后的反馈整改机制，推动地域文化融入地方高校教育不断完善。教育督导不应仅仅停留在检查上，而是要拓展其功能，其中一个功能就是要做好反馈和整改督查。这个是很多学科教育容易忽视的一个重要细节。针对地域文化融入地方高校教育的实际情况，高校应该健全覆盖各个学科教育融入地域文化的教育检查反馈机制，及时反馈其中存在的不足，并要求和督促整改和后期的检查，为地域文化融入地方高校教育提供一个强大的推动力。

参 考 文 献

[1] 陆扬. 十八世纪以降文明与文化辨析 [J]. 江苏行政学院学报，2020 (3)：28 –35.

[2] 郑春霞，李艺玲，李敏，等. 地方文化与旅游教育融合研究：以闽南文化为例 [J]. 漳州职业技术学院学报，2022，24 (1)：13 –26.

[3] 王兰兰，梁瑜霞. “一带一路”背景下的西安历史文化研究 [J]. 唐都学刊，2019，35 (2)：56 –60.

[4] 叶韬. 榆林经典文化品牌培育思考 [J]. 合作经济与科技，2022 (7)：98 –99.

[5] 马陆亭. “十四五”时期高等教育发展的历史方位 [J]. 江苏高教，2021 (5)：1 –7.

[6] 陈小霞，张法清，周汉杰. 地方文化融入高校创业教育的创新耦合与路径研究 [J]. 南方论刊，2021 (10)：98 –100.

[7] 任姗，孙璐璐. 陕西音乐文化在地方高校艺术教育中的传承与发展 [J]. 艺术评鉴，2020 (22)：121 –123.

[8] 王小艳. 地域文化资源融入高校古代文学教学的路径研究：以陕北地区为例 [J]. 湖北开放职业学院学报，2020，33 (1)，144 –146.

[9] 刘志山. 真善美的统一：人类永恒的价值追求 [J]. 衡阳师范学院学报，1995 (5)：6 –9.

[10] 王萌，孙洪涛. “五育融合”的概念、理论基础与实践路径研究 [J]. 广东第二师范学院学报，2022，42 (2)：80 –86.

[11] 崔瑞霞，谢喆平，石中英. 高等教育内涵式发展：概念来源、历史变迁与主要内涵 [J]. 清华大学教育研究，2019，40 (6)：1 –9.

[12] 尤芳舟. 新时代高校专业教师的育人能力建设 [J]. 现代教育管理，2021 (3)，60 –67.

[13] 胡天国. 转化性学习视域下高校教师传统文化素养提升 [J]. 江西社会科学，2021，41 (8)：246 –253.

[14] 北京大学哲学系外国哲学史教研室. 十六—十八世纪西欧各国哲学 [M]. 北京：商务印书馆，1975.

[15] 刘振天. 推进高校课堂革命实现高质量发展［J］. 中国高等教育，2021（1）：39－40.
[16] 周文辉，曹镇玺. 高等教育督导评估：内涵特征、内在冲突和路径选择［J］. 江苏高教，2019（5）：28－34.
[17] 张勇. 地方文化融入地方高校人文教育的价值解读［J］. 教学研究，2017，40（6）：34－37，60.